KB232596

병원기록물관리

Managing Hospital Records

신동희 역 | 한국국가기록연구원 감수

도서출판 진리탐구

지금으로부터 5년 전 한국국가기록연구원이 출범하였다. 지난 시간을 회고해보면 아쉬움도 있고 또 앞으로 해야 할 일도 산적해 있다. 그러나 한편으로는 나름대로의 뿌듯함을 느끼기도 한다. 시민기록문화전, 기록문화 시민강좌 개설, 심포지엄, 기록문화상 제정, 한국기록학회 조직, 월례발표회, 한국기록관리학교육원 개원 등등, 모두가 우리의 기록문화 발전에 초석이 될 것임은 분명하다.

연구원의 출범과도 무관치 않지만 우리의 기록문화에 또 하나의 이정표라고 할 수 있는 것은 기록물관리법령의 제정이다. 법령의 제정으로 이제 우리도 근대적 기록관리체제에 들어갔다고 말할 수 있게 되었다. 그러나 법령의 제정이 바로 실시로 이어지지는 않는다. 죽어 있는 법령이 얼마나 많은가. 새로운 법령이 제정되면 이에는 크고 작은 '저항과 편승'이 있기 마련이다. 새로운 기록관리법령에 대한 '저항'은 현재 법령상 존재해야할 자료관의 설치 실태만을 보아도 잘 알 수 있다. 새로운 법령에는 공공기록물은 전문가(기록관리전문요원, 아키비스트)가 관리하게 되어 있고 이들 전문가의 자격 요건도 규정되어 있다. 이에 몇 년도 안된 사이에 많은 대학에서 기록관리학 대학원과정이 신설되었다. 물론 모두가 기록관리분야 전반을 위해서는 발전적인 변화이다. 그러나 그 내실을 보면, 즉 교수, 교재, 참고도서, 실습실 등의 면에서 보면 부실하기 짝이 없는 경우도 있다. 이는 새로운 법령에 대한 '편승'이라고 할 수 있다.

그러나 '저항과 편승'을 탓하고만 있을 수는 없다. 사실 '저항과 편승'의 가장 큰 원인은 기록관리에 대한 이해의 부족일 것이다. 이를 위해 연구원은 과감히 ICA 총서시리즈를 번역하기로 결정하였다. 단순한 번역은 아니다. 권수로도 30권이 넘는다. 양도 양이거니와 여러 사람이 나누어 번역할 수밖에 없기에 통일성을 기하기가 무척 어려우리라 예상된다. 그럼에도 불구하고 한국 기록관리학의 기초를 놓는다는 심정으로 번역을 시작하였다.

본 총서시리즈는 국제기록관리재단(International Records Management Trust)과 ICA에서 공동으로 추진한 결과물로, 국제적으로 널리 이용될 수 있는 최선의 기록관리 업무 방식 도출을 목적으로 하였다. 또한 기록관리 전문가 외에도 체계적으로 기록학에 접근하지 못했던 사람들에게 학습모듈을 제공하려는 의도에서 만들어졌다. 이 때문에 기록관리시스템이 불충분하거나 적절한 기록관리 교재와 교육인프라가 결핍된 국가에게는 유용한 교재가 될 것이다. 기록관리 분야의 실무와 학문이 발전일로에 있는 우리 나라에서도 이 교재의 보급이 시급함은 물론이다. 앞으로 이 학습교재가 공공부문의 기록관리전문가를 위해서 뿐만 아니라 민간부문에서도, 그리고 아키비스트의 업무능력과 전문성을 높이는 데에서도 널리 활용되기를 바란다.

본인은 2000년 9월, 연구원을 대표하여 스페인 세빌리아에서 개최된 ICA총회에 참석하였다. 회의 규모의 크기에도 놀랐지만 개최국의 선진적 기록관리 및 보존에도 놀랐다. 아시아에서는 유일하게 1996년 중국의 북경에서 개최되었다고 하니 중국의 문화적 깊이를 보여주는 듯하다. 한국의 서울에서 ICA총회가 열릴 기록관리 선진국을 기대하며, 본 역서가 그런 기대에 일조하기를 바라마지 않는다.

본 역서를 내면서 감사드려야 할 분들이 있다. 먼저 한국국가기록연구원의 참뜻을 이해하여 저작권에 대한 비용을 과감히 포기해준 ICA 관계자 여러분들에게 감사의 뜻을 표하고자 한다. 또 상업성을 떠나 선뜻 출판을 맡아주신 진리탐구의 조현수 사장님 및 편집부 일동에게 진심으로 감사드린다. 마지막으로 그다지 좋지 못한 조건에도 불구하고 번역을 흔쾌히 맡아주신 번역자 여러분들에게 깊은 감사를 드린다.

김학준(한국국가기록연구원 원장)

  기록물관리가 중요하지 않은 기관은 없겠지만, 병원에서의 기록물관리는 특히 더 중요하다고 할 수 있을 것이다. 이는 병원기록물 자체가 환자의 진료기록을 기초로 대부분이 환자의 건강과 생명에 직결되고 있기 때문이다. 더욱이 의학과 간호학이라는 전문지식과 결합하여 기록물관리는 어렵고도 복잡한 숙제가 아닐 수 없다. 현재까지 국내에서는 문헌정보학적인 입장에서 객관적인 의학정보를 다루는 연구는 많은 진전을 보여왔지만, 임상기록 등 환자기록과 병원행정기록을 다루는 정보에 대한 연구는 많지 않았다. 아마도 본 교재의 번역이 그 첫 장을 연 것일 수도 있겠다. 첨단기술과 과학이 의학에 도입된 지 벌써 한참 되었건만, 가장 기초적인 기록물관리에 대해서는 이렇게도 무관심했다는 사실이 부끄럽지 않을 수 없다.

  기록물관리학이라는 학문이 국내에서 적극적으로 연구되기 시작한 지 얼마 되지 않은 것이 이런 나태함에 대한 하나의 이유가 되겠지만, 의사와 간호사 등 병원관계자들의 인식부족이야말로 아주 주요한 요소일 것이다. 기록물관리학의 연구자들이 가장 먼저 도전해야 할 문제가 바로 이 인식문제가 아닐까 한다.

  본 역자는 다른 교재(법률기록물관리)에서도 이미 밝혔지만, 현재 기록물관리학을 공부하고 있는 학생일 뿐이다. 따라서 많은 부분에서 부족함이 많을 것이다. 특히 의학과 병원행정에 대한 전문지식이 많지 않은 상황에서 용어의 선택이라던가, 개념에 대한 이해가 부족했을 수도 있다. 이 점에 대해서는 부끄러운 마음뿐이지만, 번역과정을 통해서 본인 스스로 전문기관에서의 기록물관리에 대한 이해를 넓힐 수 있었고, 이 작은 작업이 한국 기록물관리학의 영역확대에 조그마한 도움이 되지 않았을까 하는 점에 의의를 두고자 한다.

  본 교재는 병원에서 사용하고 있는 특수한 기록물의 종류와 병원기록물의 배경, 생산, 관리 방법을 설명하고 있으며, 이런 특수기록물의 관리를 위해 일반적인 기록물관리방법(평가, 보존, 접근)이 어떻게 적용되고 발전되어야 하는지를 기술하고 있다. 또한 병원 기록물관리에 있어서 앞으로 더 연구해야할 부분과 실제로 병원에서 이런 이론을 어떻게 실무에 접합시켜야할지, 이를 위해 어디서 어떻게 도움을 구할 수 있는지에 대해 자세히

나와 있다. 법률기록물과 마찬가지로, 본 교재를 공부하는 독자들이 관련분야에 대한 심화
학습을 하고자 할 경우를 위해 전문용어(의학용어뿐만 아니라 기록물관리학 관련 용어까
지도)는 원문의 표현을 그대로 남겨두었다. 이 분야에 대한 더 많은 연구가 어서 빨리 이루
어지기를 기원한다.

2003년 9월 30일

신동희 씀

차례

병원기록물관리*의 서론

　병원은 환자들의 생명과 건강을 다룬다. 좋은 의료 행위는 잘 훈련된 의사와 간호사, 그리고 양질의 시설과 장비에 달려있다. 뿐만 아니라, 좋은 의료 행위는 또한 좋은 기록관리에 달려 있다고 할 수 있다. 자세하고, 포괄적이고, 가장 최근의 정보를 가지고 있는, 접근이 쉬운 환자진료기록(patient casenotes)을 유지하지 않고서는 의료인들은 아마 최상의 치료를 제공할 수 없거나, 오진하게 되어 심각한 결과를 초래할 수도 있을 것이다. 환자들을 보호하기 위해서 X-레이, 표본(specimens), 제약 기록과 환자 등록정보 등과 같은 관련 기록물은 반드시 잘 관리되어야만 한다. 좋은 기록물 관리는 또한 원활한 병원 행정을 보장한다. 즉, 불필요한 기록물들을 정규적으로 이관시키거나 폐기하고, 보존장소를 언제나 청결히 유지하며 늘 접근 가능하도록 준비하고, 시간과 자원의 낭비없이 중요 기록물들이 빨리 검색되도록 함으로써 병원 행정이 원활히 운영될 수 있도록 한다. 기록물은 또한 병원의 활동에 관한 신뢰성을 증빙하는 증거가 되며 의학 연구, 통계 자료, 보건정보시스템을 위한 데이터의 주요 자원이 된다.

　일반적으로 많은 병원들이 개별 부서에 기록물 관리에 관한 자치권을 주고 있다. 불행하게도, 이런 기록물의 분산관리는 종종 부실한 파일링시스템이나, 정보의 손실, 기록물의 조급한 폐기나 불필요한 보존 등, 궁극적으로 비효율성과 자원 낭비를 초래한다. 만일 필요한 기록물이 유지되지 못하거나, 혹은 부적합하게 관리되거나, 다른 여러 부서에서 같은 환자를 협력적으로 치료하는 수단이 없다면, 무엇보다도 환자관리는 역으로 영향을 받게 될 것이다. 모든 부서들을 포괄하고 모든 기록물을 매체별로 관리하는 조직적이고 효과적인 기록

---

* 모듈은 기록관리기관의 영구문서(archives)보다는 협 업무에서 쓰이는 문서류(records)의 관리를 주로 다루고 있다. Archives를 일선기관에서 기록관리기관으로 이관된 역사적 문화적 가치를 가진 문서류로 정의하고, Records를 일선기관에서 사용하고 있는 현용/준현용 문서라고 정의했을 때, 본 모듈은 주로 Records의 관리를 다루고 있다. 문맥의 내용에 크게 벗어나지 않는 한도내에서 Records를 번역함에 있어, 기록물, 문서, 서류 등 여러 가지의 용어를 사용하였다.(역주)

물 관리 프로그램은 반드시 모든 병원의 목표가 되어야만 한다.

포괄적인 기록물 프로그램은 정책과 선례, 법적 권리와 의무, 직원, 재정, 건물, 장비와 자원들에 대한 넓은 범위의 쟁점을 포함하는 의료정보와 행정정보 양쪽 모두에 대해서 직원들의 접근점을 보장할 수 있도록 하여야 한다. 현재 업무에 필요한 문서의 통제 이외에도, 기록물 프로그램은 병원이 법적, 재정적 의무를 충실히 수행하도록 돕고, 필요한 경우 병원의 행위를 방어할 수 있도록 돕는다.

본 모듈『병원기록물관리』는 병원의 기록물 (의료 혹은 비의료 기록물까지 모두 포함하여) 관리에 수반되는 세부적인 요소들에 대하여 논의 하고자 한다. 예를 들면, 병원 환경 내에서 기록물 서비스의 세부적인 요구조건을 만족시키기 위한 특정한 접근이 어디에서 어떻게 필요한 지에 대해 다루고자 한다. 본 모듈, '병원기록관리'는 종합병원(혹은 전문병원)의 기록물을 주로 다루고 있지만, 그 내용은 대부분 장기투숙 병원시설이나 종교병원시설, 결핵요양원, 보건소나 지방 의료원 등, 다른 보건 시설에도 충분히 적용가능할 것이다.

본 모듈은 특히 병원에서 기록물에 관한 행정책임을 지고 있는 현 근무자들이나 다른 부서에 근무하지만 기록물관리에 관심이 있는 관리자들을 위해 쓰여졌다. 본 모듈에 나타난 연습(activities)은 독자들이 병원 기록물관리 (record-keeping) 환경에서 일하고 있거나 병원기록물에 접근점을 가지고 있다는 가정 하에 준비되었다. 병원 기록물에 접근점을 가지지 못하는 사람들은 가설적인 상황에 맞게 내용을 유연하게 이해하여 풀면 될 것이다.

『병원기록물관리(Managing Hospital Records)』는 공공부문기록관리 교육프로그램(Managing Public Sector Records; A Study Programme)의 모듈들 중 핵심 모듈에서 제시된 일반 원칙을 기초로 저술되었다. 따라서『병원기록물관리』를 공부하고자 하는 사람들은 본 모듈 이전에 공공기록관리 교육프로그램의 핵심 모듈들을 먼저 완전히 익히거나, 그 모듈들에서 다루고 있는 개념들과 실례들에 대한 기본 지식을 가지고 있어야 한다.

병원기록물관리는 다음의 5과로 구성된다.
1과: 병원기록물관리의 배경
2과: 환자진료기록(patient casenotes)의 관리
3과: 기타 병원 기록물의 관리
4과: 기록물의 평가, 보존 및 접근에 관한 문제
5과: 다음에는 무엇을 할 것인가?

목표와 성과

목표

본 모듈은 네 가지 기본적인 목표를 갖는다.
1. 병원기록물관리 프로그램 운영을 위한 병원기록물관리의 개념과 내용 소개
2. 파일링과 번호부여 시스템, 기록물 배열과 색인의 관리에 대한 논의를 포함하는 환자진료기록(patient casenotes)의 관리 설명
3. X-레이, 표본, 환자대장류, 행정 기록과 정책자료, 재정 및 인사관련 기록물, 환자간호 기록(nursing records), 제약 기록 및 교육관련 기록물 등, 다양한 병원 기록물의 관리를 개괄
4. 병원 기록물의 평가와 보존, 그리고 접근점에 관련된 모든 과정을 설명

성과

본 모듈을 완전히 익혔을 때, 우리는
1. 병원기록물관리의 특성과 병원 기록물관리 프로그램이 어떻게 운영되는지에 대한 내용을 설명할 수 있을 것이다.
2. 환자진료기록 관리에 수반되는 단계들을 이해할 수 있을 것이다.
3. X-레이, 표본, 환자대장류, 행정 및 정책 파일, 재정 및 인사관련 기록물들, 환자간호 기록, 제약 기록과 교육관련 기록물 등과 같은 일반 병원 기록물관리 이면의 원칙들을 이해하게 될 것이다.
4. 적절한 저장과 접근점 제공을 보장하는 병원 기록물의 평가 과정을 설명할 수 있을 것이다.

연구와 평가 방법론

5과로 구성된 본 모듈은 대략 60시간의 기본 학습시간을 가져야 한다. 기본적으로 필요한 시간은 다음과 같이 구성된다.

        1과: 12시간
        2과: 12시간

3과: 15시간
4과: 12시간
5과: 9시간

이것은 숙독과 연습에 답하기 위한 노력을 포함한 시간을 의미한다.

각 과의 끝에는 주요 논점에 대한 요약이 있으며, 부가적인 정보에 대한 출처는 5과에서 제공된다.

각 과 전반에 걸쳐, 서술된 정보에 대한 이해를 증진시키기 위해 연습을 포함시켰다. 각 연습은 자기가 스스로 평가해 보는 문제들이다. 즉, 옳거나 그른 답은 없다. 오히려, 연습은 제시된 내용을 탐구하도록, 혹은 우리가 공부하거나 근무하는 환경에 연관시켜 볼 수 있도록 고안되었다. 만일 우리가 독자적으로 이 모듈을 연구하거나 기록 보존소 관련 조직의 일부가 아닐 때, 우리는 가능한 한 가설적인 상황으로 학습문제들을 풀도록 해야 한다. 만일 연습이 무언가를 기술하도록 제시하면, 우리는 되도록 간략하고 요점적으로 기술해야 한다. 이것은 점수를 받는 시험이 아니고, 우리가 공부하고 있는 내용을 이해하는데 필요한 수단으로 연습을 풀어야 할 것이다. 각 과의 끝에는 우리가 습득한 것을 스스로 평가할 수 있도록 하는 조언이 있다.

각 과의 끝에는 그 과의 요약이 있고, 요약에 이어서 여러 가지 자기 학습문제(self-study questions)들이 있다. 이런 문제들은 본 모듈의 내용을 우리 스스로 검토할 수 있도록 고안되었다. 이 문제들은 점수 매기기 위한 것이 아니다. 제시된 개념을 충분히 이해하고 있다고 느낄 만큼 많은 문제들을 풀어보기 위함이다. 숙제나 시험과 같은 외부적인 평가는 본 모듈이 실제로 점수를 매겨야 하는 교육기관의 프로그램의 일부 자료로 채택되었을 때 포함될 수도 있다.

학습에 필요한 자원

본 모듈의 연구자들은 가능하다면 병원자료에 대한 접근점을 가지고 있는 것이 좋다. 만일 병원에서 근무하고 있지 않는 사람들이라면, 여러분이 근무하는 기록관리기관이 병원 기록물을 관리하고 있는지 확인해 보라. 또는 여러분의 기록물 담당 부서나 기록물 센터가 국가, 지역, 혹은 지방의 병원과 밀접하게 관련이 있어서 병원 환경내의 기록물의 관리를 연구할 수 있는지 확인해 보라. 특히 병원에서 기록물관리를 집중적으로 다루고 있는 이 모듈의 경우, 가능할 때마다 실례들을 들어 적용시켜 보는 것이 가장 이상적이다.

만일 우리가 병원 기록물에 직접적인 접근점을 가지고 있지 않거나, 병원 기록물관리 환경 내에서 근무하고 있지 않은 경우는, 가까운 병원과 미리 협의하여, 정기적으로 방문하여 그들의 기록물관리(record-keeping) 과정을 연구해 볼 수 있도록 조치를 취해 두는 것이 좋다. 우리의 질문에 대답을 해줄 수 있고 그 기관의 기록물관리 업무(record-keeping practices)에 관한 정보를 제공해 줄 수 있는 병원의 대표와 관계를 개발하는 것이 이상적이다. 한 가지 대안으로서, 우리가 이 모듈을 공부하는 동안 충고와 지원을 해줄 병원 기록 관리에 경험이 있는 직원을 찾아 볼 수도 있을 것이다. 이 직원은 아마도 병원 행정에 관한 정보를 제공해 줄 수도 있어서 우리가 각 과와 연습들을 공부하는데 더욱 의미 깊은 방법으로 수행할 수 있도록 도와줄 것이다.

사례연구

다음의 사례연구들은 본 모듈에 부가적으로 유용할 것이다.

사례

19:    Henry Kemoni, Kenya, '케냐에서의 의료 기록물관리: 모이 국립 병원 (Moi National Referral and Teaching Hospital, Eldoret)의 사례'

20:    Barbara Craig, Canada, '중앙 어린이 병원의 합병과 기록보존소'

병원기록물관리의 배경

제1과에서는 병원 기록물관리가 어떻게 운영되는지에 관한 기본적인 그 배경을 검토하고자 한다. 많은 정부기관과 민간부문기관들은 기록물관리에 대한 관심이 대체로 일률적이고 유사하지만, 그에 반해 병원은 의료에 관한 특별한 요구를 다루어야만 한다. 즉, 내과의사, 외과의사, 간호사, 의료 사회복지가, 물리치료사 등 병원환경에서 환자치료에 관련된 모든 사람들의 요구를 다루어야만 한다.

본 과에서는 다음의 문제들을 논의할 것이다.
- 병원과 정부의 관계
- 병원의 내부조직
- 병원기록물의 종류 : 환자진료기록, X-레이, 병리학 표본과 표본의 가공, 환자 색인과 대장, 제약 및 약품 기록, 행정 기록, 간호기록, 교육관련 기록물 등
- 병원기록물관리의 원칙
- 보건관련 정보의 특성
- 기록물 관리자(record managers)의 역할
- 병원 기록물의 법률적 상태
- 국가 기록물과 병원기록물, 다른 기록보존소 기록물과 병원기록물의 관계

1. 병원과 정부

본 프로그램의 핵심 모듈들은, 거기에 등장하는 주요 원칙들이 민간부문 기록보존소에서도 적용할 수 있을 만큼 일반적이기는 하지만 주로 정부 행정부서나 각 기관에서 일하는 기록물 관리자(record managers)[1])와 기록보존가(archivists)를 위해 쓰여졌다. 기록물 관리자들

---

1 기록물관리자는 일선기관의 문서담당 업무의 관리자를 의미한다고 보면 될 것이다. 역시 문맥의 내용에

은 기록물이 그들의 보호속에서 생성되고 처리되는 과정을 반드시 이해하고 있어야 한다. 병원 환경에서 일하는 기록물 관리자들은 또한 병원 고유의 행정 체계에 대한 인식을 가지고 있어야 하며, 병원 행정과 중앙 정부와의 특수한 관계를 이해하고 있어야 한다.

> *기록물 관리자는 병원 고유의 행정체계를 잘 알고 있어야 한다.*

주에서 운영하는 병원 서비스는 다양한 유형이 있다. 업무의 전문성에 따라, 그리고 한 국가나 지역적인 범위 내에 존재하는 특정한 병원의 숫자나 기타 보건시설의 숫자에 따라 그 유형이 결정된다.

대부분의 공립병원은 중앙정부의 보건부처 내의 한 부서로 병원의 장이 장관이나 차관 혹은 그에 상응한 직위의 공무원에게 직접 보고 하는 형식으로 조직된다. 또한 개인병원과 공립병원의 중간형태의 병원이 존재하기도 하는데, 이 경우 병원의 행정이 보건부에 보고되지만, 동시에 병원은 실질적으로 위임된 권한을 가지고 자체적인 통치체나 경영 위원회를 갖기도 한다. 병원 직원은 보건부에 의해 고용된 공무원의 신분일 수도 있고, 중간기관 또는 병원의 피고용자의 신분이기도 하는데 이 경우는 공무원일 수도 그렇지 않을 수도 있다.

모든 병원들은 그 나라의 보건 법률에 적용을 받지만, 그렇다고 하더라도 병원들은 경영책임에 있어서는 어느 정도의 권한을 갖는 것이 일반적이다. 일부 특정한 국가나 지역의 병원모델의 경우는 병원이 그 병원이 운영되는 정확한 입법 구조와, 시민 서비스의 실천을 보장하는 범위와, 병원 자체의 정책과 절차를 결정하는 병원 행정이 누리는 자유의 범위를 결정할 수도 있다.

또한 많은 국가들이 자선 단체나 민간기업에서 운영하는 병원도 가지고 있다. 비록 그런 병원들이 해당 국가의 보건 법률에는 종속된다고 하더라도, 중앙 정부에 의해 경영이 통제되지는 않는다. 간혹 자선단체에서 운영하는 병원은 일정한 형태로 정부의 기금을 받기도 하는데, 이러한 경우에는 운영 및 업무에 대한 신뢰성(accountability)을 증빙해야 하기도 한다. 본 모듈에서 제시하는 지침은 주로 정부에서 운영하는 병원을 바탕으로 하고 있지만, 본 내용의 많은 부분이 그렇지 않은 경우에도 해당될 수 있을 것이다.

> *모든 병원이 그 나라의 보건 입법에 종속되지만, 일반적으로*
> *자체의 경영책임을 갖는다.*

벗어나지 않는 한도 내에서, 기록물 관리자, 문서담당 직원 등으로 번역하였다. Archivist는 기록보존가로 번역하였다.

> **[연습 1]**
>
> 여러분의 병원과 경영권의 관계를 간단히 기술해 보라. 관련된 경영권이 중앙 정부나 혹은 지방 정부에 속해있는지, 아니면 개인 혹은 단체에 속해 있는지 확인해 보라. 병원행정과 중앙정부 기관 사이의 관계에 대한 내용도 함께 기술해 보라.
>
> 만일 여러분이 병원 환경에서 근무하고 있지 않다면, 여러분은 가까운 병원에 방문하여 대표와 그 병원에 관한 논의를 해보고 수집된 정보를 바탕으로 상기 문제에 답해야 할 것이다.

2. 병원의 내부조직

연방 국가에서 병원의 내부 행정조직은 대체로 영국의 경우를 본 뜬 경우가 많다. 그러나 국가마다 그 적용이 완전히 같은 형태로 나타나는 것은 아니다. 심지어는 한 국가 내에서도 병원마다 그 적용이 다르게 나타나기도 한다. 그러나 어느 정도의 공통점은 찾을 수 있다.

만일 그 경영상의 책임을 병원에서 가지고 있는 경우에 병원은 주로 하나 또는 그 이상의 중앙 행정 부서를 가지고 정책, 인사, 재정, 자산에 관한 업무를 한다. 병원은 또한 청소, 구내식, 운반 및 세탁 등 병원 자체의 서비스를 제공하고 있다. 병원 자체나 병원 내의 일부 부서에서 일어나는 이러한 일들에 관한 전반적인 경영 최고 책임은 대개 병원 원장, 일반 이사, 혹은 대표 이사 등의 직함을 가진 병원 행정가에게 주어진다.

> *병원 서비스의 전반적인 경영책임은 일반적으로 병원*
> *행정책임자에게 주어진다.*

병원이나 보통의 조직이 자체적인 통치체(행정부서)를 가질 때, 조직의 업무 대부분에 대한 효과적인 통제는 그 통치체(행정부서)에게 부여된다. 행정가는 통치체(행정부서)의 대표로써 활동을 하고, 실질적인 집행권을 갖기도 한다.

병원이나 조직이 자체의 통치체를 갖지 않고, 대신 행정가가 중앙 정부의 부처와 직접적으로 연계하여 행정업무가 이루어질 때에는, 그 행정가에게 중요한 권력과 책임이 주어지는 경향이 있다.

병원들은 또한 다양한 상임 위원회를 구성하고 있는 경우가 많다. 예를 들어, 의료문제 관리에 대해 자문하기 위해서 수석 의약 위원회를 설치할 수 있다. 많은 병원들은 재정위원회, 창립위원회 등 일반 목적의 여러 위원회를 갖는다.

이외에, 당면문제를 해결하기 위해 간혹 특별위원회가 설립되기도 한다. 게다가 제정문제 담당자들과 같은 선임 직원들이 그런 문제에 대한 집행권을 가지는 경우가 많다.

이런 행정부서 이외에, 병원은 전체 직원 중 대다수의 직원이 고용되어 있는 수많은 의료부서들을 갖는다. 이 의료부서들은 기관에 따라 병원 행정가의 통제를 받기도 하고, 혹은 의료부서의 장들이 '의료국장(Medical Superindentent),' '임상국장(Medical Director)'이라는 이름으로 따로 분리되어 운영되기도 한다. 그러나 많은 병원의 선임 의료 직원들은 (종종 '고문 전문의'로 알려진) 행정 계급조직에서 상당한 독립성을 갖는다. 의료직 최고자와 병원 행정가 사이의 관계 그리고 다른 관리조직과의 관계는 보통 지역 특성에 따라 달라진다.

간호서비스는 수간호사 (혹은 '최고 간호사', '간호부장' 등 상등한 직위)의 통제하에 운영된다. 입원환자들은 보통 성별, 전문분야에 따라 나뉘어 병동에 입원한다. 각 병동은 간호사, 책임 간호사에 의해 운영되는 경우가 많고, 총 책임은 수간호사나 부 수간호사에게 돌아간다. 최고 간호사와 병원 행정가 혹은 의료부서의 장/의료국장 간의 관계, 병동 간호사와 의료스탭, 다른 부서의 장들과의 관계는 병원마다 큰 폭으로 다를 수 있다. 유일한 공통요소는 거의 모든 경우 이런 부서들의 관계가 아주 복잡한 형태로 나타난다는 것이다.

외래 환자 예약에 관한 행정은 병원마다 크게 다르다. 많은 병원이 외래환자 전문 의사 클리닉을 따로 두고 있으며, 이는 환자들이 이후에도 일관성있는 진료를 받도록 하기 위함이다. 이런 클리닉에서는 여러 분야 전문가들의 자문을 받도록 운영된다. 이런 시스템을 갖지 않는 병원은, 특별한 예약 없이 비교적 경미한 환자들을 돌보는 종합의사를 두는 종합 클리닉을 갖기도 한다. 또한 사고나 응급 혹은 재난에 대비한 부서들이 있을 수도 있다. 병원 내에 다양한 외래환자 부서들간의 기능이나 관계는 일반적으로 개별 병원의 전통이나 편의에 따라 결정된다.

많은 나라에서, 병원의 개별 부서들은 행정가나 의료 국장의 일상적인 감독을 받을 뿐, 상당한 정도의 독립성을 누린다. 일부 병원은 최근 미국의 클리닉 이사제를 도입하고 있기도 하는데, 이는 서너 개 부서가 한 클리닉 감독자(클리닉 이사)의 통제를 받고 이 클리닉 이사는 이 서너 부서들을 통제하는 권한을 갖는다.

의료와 간호 교육 혹은 연구 시설을 제공하는 병원은 이런 역할을 담당하는 행정구조가 분화되어 개발되어 있을 수 있다. 여기에서도 실무의 다양성을 발견할 수 있다. 즉, 의과대학 혹은 간호대학이 병원의 하나의 통합된 구성체내의 일부 조직으로 존재할 수도 있고, 반대로 전체 대학의 통치권 내에서 병원이 별도의 행정체와 교수진을 갖는 하부 구조일 수도 있다. 대학이 병원의 조직상의 일부분을 이루지 않는 경우, 환자 진료와 관련하여 교육적인 활동이 가능하도록 형식적 혹은 비형식적인 업무 조정이 필요하다.

[연습 2]

여러분의 병원의 조직적인 구조에 대해 간략한 기술을 해보고, 병원내의 주요 단위를 개괄하는 조직표를 그려서 조직계층 내에 각 단위의 위치를 표시해 보라.

만일 여러분이 병원 환경에서 일하고 있지 않거나, 병원 조직에 관한 정보에 접근할 수 있는 방법이 없다면, 여러분은 특정 병원의 대표나 동료를 만나서 그에게 병원 조직 구조에 관하여 자문해보아야 할 것이다. 그래서 조직표와 조직에 관한 기술을 작성할 수 있어야 한다.

---

3. 병원기록물의 종류

다음은 전형적인 종합병원에서 발견될 수 있는 기록물의 종류에 관한 간략한 개요이다.

실제로, 모든 병원기록물이 반드시 일개 병원 기록물 관리자(records manager)나 혹은 의료 기록행정가들의 책임 하에 있는 것이 아니라는 사실을 주지해야 한다. 병원 기록물 관리자가 병원의 모든 기록물을 관리해야 하는 것이 이상적이나, 실질적으로 매 단계에서 전문가들이 X-레이나 병리기록과 같은 기록물들을 관리하기도 한다. 다양한 기록물 종류의 세부적인 관리에 대한 접근은 본 과 뒷부분에서 더욱 심도 있게 논의 될 것이다.

진단과 치료를 위해 생성되는 많은 종류의 기록물들이 반드시 병원기록물 관리자나 의료 기록행정가의 직접적인 관리를 받는 것은 아니고, 오히려 많은 경우 각 과별로 관리되고 있다는 사실은 주지되어야 한다. 병원기록물관리자가 병원내의 모든 기록물을 관리해야 한다는 것은 이상적이지만, 실질적으로 X-레이 혹은 병리기록 등은 각과 단위의 전문가들에 의해 유지될 수 있다.

> *정보기술의 발전에 관한 논의는 본 프로그램의 다른 모듈 『전자기록물관리(Managing Electronic Records)』와 『기록물 서비스 자동화(Automating Records Services)』와 본 모듈 4과에서 더 다루어 질 것이다.*

환자진료기록(patient casenotes)

> *환자진료기록은 병원에서 요구하는 기록물 중 가장 크고 복잡한 기록물을 이룬다.*

환자진료기록은 환자가 병원 의료진들을 접촉할 때 생성되고 기록된다. 기록은 또한 간호사나 생리학 치료전문가 혹은 환자치료에 관련된 다른 전문가들에 의해 작성되기도 한다. 환자기록은 환자의 병력, 진단 테스트 결과, 체온 혈압 등의 기초 자료, 수술기록 등의 치료기록을 포함한다.

> *환자진료기록의 관리에 관한 더욱 자세한 정보는 2과를 보라.*

대부분의 병원은, 환자마다 환자이름과 개인적인 세부정보까지 포함하는 기록을 모두 모아 한 파일로 보관한다. 이 파일은 또한 개인병원 혹은 가족 주치의로부터 온 추천편지, 환자의 상태와 관련된 다른 여러 가지 서류들로 구성된다. 시간이 흐름에 따라, 이런 서류들은 축적되어 한 환자의 완전한 의료기록을 형성한다. 환자의 개별 파일을 유지하는 주요 이유는 이와 같이 환자치료의 일관성을 이루는데 완전한 의료기록이 아주 중요한 요소이기 때문이다. 개인이 병원에 입원할 때 이외에, 외래환자로서 환자가 병원에 왔을 때에도 환자진료기록은 작성된다. 외래환자 전문의는 개별 환자들에 대하여 포괄적인 진료기록을 작성할 수 있다. 이런 모든 기록물은 한 환자의 파일에 모두 모아두어야 할 필요가 있다. 사고나 응급 부서, 혹은 종합 클리닉에서는 다른 부서보다 환자진료기록을 덜 작성하기도 하고, 일부 병원에서는 아예 작성하지 않는 경우도 있다. 외래환자 부서에서 작성된 기록물의 내용 및 종류는 개별 병원 환경에 따라 다양하다. 일반적으로 외래환자들의 경우 입원환자들보다 적은 양의 기록물이 생성된다.

[연습 3]

환자진료 파일의 실례를 조사해보고, 각 파일에 전형적으로 나타나는 기록물의 종류를 나열해보라. 즉 추천편지, 진료기록, 투약기록 등 기록되는 정보의 일반적인 유형을 나열해보라.

어떻게 기록물이 정리되는가? 날짜순으로 뒤에서 앞으로 혹은 앞에서 뒤로 정리되는가? 아니면, 기록물 유형에 따라서 정리되는가, 아니면 또 다른 방식으로? 기록물들은 클립이나 꼬리표 혹은 묶음으로 구분되어서 묶여있는가 아니면, 낱장 그대로 보존되는가? 이 환자진료 파일의 정리를 개선할 수 있는 방법을 생각해 보고 2가지 단계로 구분하여 적어보라.

X-레이 필름

X-레이 필름은 의사의 요청에 따라 진단을 목적으로 만들어지는 큰 크기의 사진 기록물이다. 이 필름은 환자의 병력기록의 일부를 형성하지만, 크기 때문에 환자진료 파일에 포함되지 못하는 자료이다. 따라서 X-레이는 보통 별도로 관리되며, 환자의 이름과 연결되는 자체 번호에 따라 정리된다. X-레이 요청은 인쇄형태의 양식으로 작성되고, 이후 X-레이 검사에 기초한 보고서를 작성할 때에도 같은 양식의 요청서를 사용한다. 이 양식이 환자진료파일에 포함되어 정리된다.

X-레이의 관리에 관한 상세한 정보는 3과와 4과를 참조하라.

[연습 4]

여러분의 병원에서 X레이와 요청 서식이 어떻게 파일링 되는지에 대해 간략히 설명해 보라.

X레이의 관리를 어떻게 개선할 수 있는지에 관한 두 가지 방법을 기술해보라.

병리학 표본과 표본의 준비
(Pathological specimen and preparation)[2]

환자에게서 추출된 표본(혈장, 혈청, 체액, 세균검사 면봉, 세포조직, 혈액 샘플 등)과 그 표본의 준비과정은 환자의 병리 검사와 진단을 위해 만들어지며 환자의 개인 병력 기록의 중요한 일부가 된다. 그러나 X-레이와 같이 표본은 그 형태 때문에 환자정보 기록 파일에 함께 저장될 수 없다. 표본과 준비과정에서 가공된 표본들은 보통 제목이 붙여져 상자나 선반에 보관된다. X-레이와 마찬가지로 사용된 요청서와 보고서 양식은 환자 파일에 둔다.

> *병리 표본과 그 표본의 준비과정의 관리에 관한 상세한 정보 는 3과와 4과를 참조하라.*

[연습 5]

여러분의 병원에서 어떻게 병리학 표본이 유지되는지 간략히 기술해보라.
병리학 표본의 관리를 개선할 수 있는 방법을 두 가지로 서술해보라.

환자 색인과 대장

병원에서는 환자의 이름과 환자에 관한 적절한 세부정보를 포함하는 색인을 유지하고 있어야 한다. 그 형식은 전통적인 카드색인의 형태 일수도 있고 전자자료 형태 일수도 있다. 환자의 모든 정보를 수록하는 중앙 색인은 보통 '총괄환자색인'이라는 이름으로 알려져 있다. 이 색인은 환자진료 파일을 찾기 위한 보조 도구의 역할을 하고 X-레이 등 여러가지 진단에 관한 문서에 대한 위치 정보를 제공한다. 환자진료 카드와 관련 문서의 접근점 제공 이외에도, 이 색인은 그 자체로도 중요한 기록물이다. 일부 병원에서는 부서별로 개별 색인 을 유지하기도 한다.

> *색인은 환자정보 기록물을 찾기 위한 보조도구의 역할을 한다.*

---

2 specimen and preparation은 표본과 표본을 만들기 위한 세포나 조직의 커팅, 염색 등의 일련의 처리과정을 일컫는다.(역주)

색인이외에도, 중앙 혹은 개별 부서에서, 환자에 관한 다양한 정보를 기록한 날짜순의 대장을 유지하기도 한다. 각 전문부서별로 대개 자체의 진료환자 기록 혹은 진료요청 기록 등을 수록하는 일지 혹은 대장을 유지하기도 한다. 날짜순의 대장은 병원 입원 및 퇴원, 신생아 출생 혹은 환자의 사망 기록을 위해 사용된다.

환자 색인의 관리는 본 과의 뒷부분에서 상세하게 다룰 것이다.

[연습 6]

여러분의 병원에서 어떻게 환자색인이 유지되는지에 대해 간략히 설명해 보라.
환자 색인의 관리를 개선할 수 있는 두 가지 방안을 기술해보라.

제약 및 약품 기록

약의 처방과 보급에 관한 업무는 약 재고량, 주문 및 조제 기록, 입원환자 및 각 부서의 약품 요청, 약품 행정 기록 및 각 환자의 처방전 등 다양한 기록을 남긴다. 모든 약의 수령과 배포는 반드시 기록되어야 한다. 약에 대한 기록은 보통 약국과 입원병동 두 곳 모두에 보관되어야 하고, 문서들을 쉽게 검색할 수 있는 방법을 보장해 주는 상호참조 및 일관된 관리는 약품기록관리 업무에 있어 대단히 중요하다.

위험하고 통제가 필요한 약에 관한 정보는 병원 약국, 입원 병동, 각 부서에서 특별히 더 자세히 기록되어 적절히 이용되어야 한다. 많은 국가들이 법률로서 약에 대한 기록을 적절하게 생성하고 보존하도록 규정하고 있다.

제약 관리에 관한 상세한 정보는 3과를 보라.

[연습 7]

여러분의 병원에서 어떻게 약품과 제약에 관한 기록이 유지되는지에 대한 간략한 설명을 작성해보라.
약품과 제약 관리를 개선할 수 있는 두 가지 방안을 기술해보라.

중앙 행정 기록물

주요 위원회 등 행정체의 의사록과 기록물은 병원 업무의 중앙 기록물로서 역할한다. 병원 행정가의 파일과 서신들은, 병원행정가의 지침을 필요로 하는 한, 병원 정책의 보충이 되는 자료임은 물론이고, 일상적인 활동을 반영하여 보여준다.

> *병원 행정기록물은 유사한 크기의 비의료 조직에서 발견될 수 있는 기록물과 거의 다름이 없다.*

병원은 또한 재정, 인사, 건축, 병동 설비, 매점 및 다른 부대시설과 관련하여 기록을 필요로 한다. 이런 기록들은 유사한 크기의 비의료 조직의 문서들과 거의 다름이 없다. 이런 기록물 이외에도, 병원 활동의 개요를 보여주는 연간보고서 혹은 통계보고서 또한 작성될 것이다. 법률 판례 기록물과 책임자의 근무시간표도 예기치 않은 사건이 발생했을 때를 대비하여 작성된다. 행정 기록물의 관리는 이 교육 프로그램의 다른 모듈에서 더욱 자세하게 다루고 있다.

> *본 모듈에서 상세히 다루지 않는 행정 기록물의 관리는 다른 핵심 모듈들을 보라.*

의료부서의 행정기록물

의료 부서와 준의료 부서에서 생산되는 기록물의 범위는 병원의 조직과 개별 부서(혹은 클리닉이사 산하의 몇 개의 부서들)의 병원 중앙권위에 대한 독립성의 정도에 따라 달라진다.

> *의료 부서들의 독립성이 크면 클수록, 거기서 생산되는 기록물의 중요도도 커진다.*

만일 의료 정책이 부서 단위로 정해진다면, 각 부서의 장이 생산한 기록물은 더욱 중요하게 여겨진다. 부서의 장이 총의료부서의 감독자 혹은 병원의 행정가에 직접적으로 종속되어 있다면, 결정적인 정책에 관한 기록물은 중앙에 보존된다. 그러나 정리방법과는 상관없이, 모든 부서의 장과 수석 의료진들은 행정적인 문제나 전문적인 문제에 대해 독자적으로 문서들을 보존하고 있을 것이다.

[연습 8]

여러분의 병원에서는 중앙행정기록물과 부서단위 행정기록물을 어떻게 보존하고 있는지에 대해 간략히 설명해 보라.

행정기록물관리를 개선할 수 있는 두 가지 방안을 기술해보라.

간호기록과 병동 기록물

수간호사실에서도 집행, 행정 등 다른 사무실에서도 발견되는 유사한 종류의 기록물들이 생산된다. 즉, 서신, 보고서, 회의 의사록, 스탭 보고서 등이 생산된다. 또한 수석 간호사는 간호직원이나 환자를 위해 마련된 규정과 절차에 관한 기록물 한 부씩을 보존하고 있다. 이런 기록물들은 양은 적겠지만 중요한 기록물들이다.

병동에서는 거대한 양의 기록물이 생산된다. 병동은 병원의 입원과 퇴원에 관한 중앙 기록물과는 별도로 자체의 입원대장을 유지한다. 소지품 의류대장은 환자가 입원할 때 그리고 퇴원하거나 사망하였을 때 물품들의 소지사항에 관한 정보를 제공하는데 쓰인다. 간호사들은 또한 활동보고서를 작성하도록 되어 있는데, 이런 보고서는 전형적으로 관리자의 점검을 위해 대장에 기록되어 병동에 보관된다. 또한 그들은 자신과 동료들이 참조할 수 있도록 간호업무에 관한 기록을 작성한다. 상기에 언급된 바와 같이, 약품기록물도 각 병동에서 반드시 유지해야 하는 기록물이다.

[연습 9]

여러분의 병원은 간호기록물 혹은 병동기록물을 유지하는가? 만일 그렇다면, 그러한 기록들이 어떻게 유지되는지 간략히 설명해 보라. 만일 그렇지 않다면, 어떻게 그리고 어디에서 그런 기록물들이 생산되고 보존되어야 하는지 설명해보라.

교육관련 기록물

의학대학과 간호대학의 직원들, 위원회, 중역회 등은 의사록, 서신, 보고서 등 자체의 기록물을 생산한다. 자치적인 학교는 또한 재정, 인사, 자산 그리고 병동시설 등의 일반적인 범위의 기록물을 생산한다.

학교는 연간보고서, 연중행사표, 편람 등 교과목의 세부사항을 알려주는 기록물들을 발행한다. 지원서, 학사기록, 시험성적, 등록금 수령 증명서, 출석보고서, 시상기록 및 장학금 지급기록 등 학생들에 대한 기록물 또한 생산된다.

[연습 10]

여러분의 병원은 의과 혹은 간호 대학을 운영하고 있는가? 그것이 병원 조직의 일부로서 운영되는가, 아니면 '대학교'와 같이 또 다른 조직체로 운영되는가?
만일 여러분의 병원이 그런 교육시설을 운영하고 있다면, 교육관련 기록물이 어떻게 유지되는지 그리고 그 기록물들이 병원에 의해 관리되는지 아니면 다른 조직에 의해 관리되는지 간략히 설명하라.

---

4. 병원기록물관리의 원칙과 실재

그러나 기록물이 현재 사용 중이거나, 행정 혹은 법률적인 목적으로 보존되고 있더라도, 실재적인 단계에서 공공업무 모델(civil service model)은 병원 맥락에서도 적용되어야 한다.

병원 영구보존기록물(archives) 의 관리는 4과에서 다루어진다.

조직구조

많은 나라에서 병원은 중앙 행정관리 시스템을 운영하며 환자진료기록을 관리하기 위해

의료 기록물 관리자를 한 사람이나 그 이상 고용하고 있는 것이 보통이다. 그러나 환자진료
기록 이외의 다른 종류의 병원기록물은 훨씬 많은 양이 보존되고 있으나, 개별 부서에서
보존되는 분산적인 특성 때문에, 종종 병원 행정가들은 환자진료기록 이외에는 정해진 통합
기록물관리구조가 필요치 않다고 생각하기도 한다. 이러한 생각은 종종 행정부서의 기록물
담당 직원을 사무보조원으로 고용하는 병원에서 흔히 발견된다.

> 만일 기록물이 그 생명이 다할 때까지 효율적으로 관리되기를
> 바란다면, 구조적인 기록물 보존 시스템은 반드시 병원의
> 모든 부분에서 이루어져야 한다.

앞선 모듈에서 설명된 기록물관리의 원칙은 병원기록물 프로그램의 각 단계마다 기초가
될 수 있어야 하고 또 그렇게 되어야만 한다. 그러나 기록물이 현재 사용 중이거나, 행정,
법률, 의료의 목적으로 보존되는 상황이라면, 실무적인 수준으로 공공업무 모델(civil service
model)은 병원의 맥락에서 적용되어야만 한다.

중앙집중적인 환자진료기록의 관리는 공공업무 기록물을 위한 실무적인 추천 모델과 밀
접하게 병행된다. 본 모듈에서는 이런 실무를 권장한다. 그러나 공공업무를 위한 기록물 센
터 모델은 병원의 맥락에서 다소의 수정이 필요할 수도 있다. 국가나 다른 공공 기록물 보존
기관에 의해 운영되고 있는 기록물 센터가 국립중앙병원의 기록물관리까지 담당하고 있는
경우는 많지 않다. 만일 그렇다고 할지라도 많은 나라에서 국립병원의 위치는 기록물 센터
와 가깝지 않으며, 이런 상황에서 종종 짧은 기간의 통보로 이전 기록물에 대한 접근을 요구
하는 경우가 많다. 이것을 가능하도록 하기 위해서는, 병원들은 준현용(semi-current)기록물의
저장을 위한 자체의 정리방법을 가지고 있어야 한다.

비록 다른 모델들이 가능하다고 하더라도, 본 모듈은 현용 혹은 준현용 기록물에 대해서
병원차원의 책임을 가지는 기록물 서비스 프로그램 설립하도록 권장한다. 여러 병원이 하나
의 그룹으로 운영되는 상황이라면, 기록물관리 업무에 대한 책임소재는 전체로서 그 그룹
전반에 걸쳐 유용하게 퍼져있을 수 있다. 기록물관리부서는 자체적인 직원과 시설을 갖추고
있어야 한다. 기록물관리에 관한 책임소재는 병원 규정에 의해 성문화되고 수석 관리자에
의해 서명되어야 한다.

기록물 서비스 업무의 주요 부분은 환자진료기록과 입원 및 퇴원기록과 같은 관련 기록물
을 다루는 일이 될 것이다. 2과에서 곧 설명하겠지만, 환자진료 파일은 새 환자가 병원에
등록했을 때 생성되고, 그러므로 기록물 서비스 업무는 환자등록에 대해 책임을 갖게 되며

최소한 수납과 등록직원들과 밀접한 업무연계를 이루고 있어야 한다. 기록물 서고를 살펴보면, 환자진료파일이 서고의 막대한 부분을 차지하고 있는 것이 현실이다.

많은 병원들은 의료기록물위원회를 갖는데, 이는 적합한 규정에 의해 창설되어야 하고 여기에서 기록물 관리자를 강력히 지원해주어야 한다. 전형적으로, 의료기록물위원회는 병원기록물의 형태와 디자인을 결정하고, 기록물에 수록된 정보의 품질을 검토하며, 기록물의 보존기간 및 보관에 관련된 사항을 다루며, 기록물의 검색률을 측정하는 일 등에 대한 책임을 갖는다. 의료기록물위원회의 위원들은 병원의 수석 관리자, 다양한 전문 의료 부서의 대표들, 간호직원의 대표 그리고 기록물 관리자로 구성된다.

> *기록물 서비스 업무는 모든 병원 기록물의 생산시점에서부터 관리와 보관에 이르기까지 직접적인 통제력을 갖는 것이 이상적이다.*

기록물 서비스 업무는 모든 병원기록물의 저장과 관리를 통제한다. 그러나 앞서 설명된 종류의 행정구조에서는 환자진료기록 이외의 현용 기록물을 통제하기 위한 중앙 등록시스템(a central registry)을 적용하기가 어렵다. 사실상, 과거에는 중앙행정부서로부터 비교적 독립적인 부서별 시스템을 갖는 전통이 있어왔고, 이런 전통은 매우 다양한 실무를 낳았으며 비체계적으로 운영되어왔다.

비록 대부분의 병원부서들은 크기 면에서도 상당히 작은 규모이고(공공업무, civil service, 의 기준으로 보았을 때), 따라서 비교적 적은 양의 기록물을 생산한다고 한다. 뿐만 아니라 부서간의 기능이 매우 다르고 독특하므로, 실제로 부서간의 현용 기록물의 상호참조는 환자진료기록을 제외하고는 거의 없다고 보여진다. 이렇게 물리적으로 업무적으로 분리된 부서를 갖는 병원구조에서는 분산화된 부서별 현용기록물 파일링시스템이 필요하다.

따라서, 보통 병원 기록물 서비스 담당부서는 종종 부서별 파일링시스템(departmental filing system)에 대한 전체적인 관리 책임을 위한 계통을 갖고 있지 못하다. 그렇지만 이런 상황에도 불구하고 기록물 서비스 담당부서는 전체 현용 기록물을 전문적인 기준에 의해 관리하도록 기대되기도 한다. 가능한 상황이라면, 병원행정은 기록물 서비스 담당부서에게 부서별 파일링시스템을 통제할 수 있는 공식적인 권한을 주는 것이 바람직하다고 볼 수 있다. 이런 바람직한 구조에서는, 각 일반부서의 문서계 직원들이 보통의 업무에 대해서는 자신의 부서장으로부터 관리감독을 받겠지만, 동시에 기록물 업무에 관해서는 최상의 실무를 위해서 병원 기록물 서비스 부서장으로부터 전문적인 가이드를 받게 될 것이다.

병원의 일부 부서들은 비교적 적은 양의 기록물만을 생산하기도 한다. 이 때문에 부서내 문서계 직원을 따로 채용할 정당성을 찾기 힘들 수도 있다. 이런 상황에서, 기록물 담당부서의 역할은 단순히 자문만 가능 할 뿐이다. 하지만 이런 부서들도 기록물업무를 책임지는 직원을 따로 임명하도록 하는 것이 바람직하다. 비록 이런 기록물 업무는 그 직원 전체업무의 작은 일부만이 될 수도 있겠지만, 이 직원이 있음으로써, 현용문서의 파일링과 준현용문서들을 병원내 기록물 서비스 부서로 이관하는 일 등이 책임지고 이루어 질 수 있을 것이다.

그림 1에서 보이는 도표는 잘 조직되고 중앙 집중화된 병원 기록물 서비스 업무의 관리 구조를 그린 것이다.

여기서 제시된 모델은 여러 가지 중요한 점에서 많은 병원에서 볼 수 있는 전형적인 '병원 기록물관리부서'와는 다르다. 이 모델이 어떤 상황에서나 실용적이라고 말할 수는 없을 것이다. 그러나 본 프로그램의 다른 모듈에서 논의한 중앙 정부부처의 시스템과 일부라도 유사한 점을 갖는 조직에는 적용될 수 있을 것이다.

> 비록 병원기록물 서비스 업무에서 보통 개별 부서의
> 파일링시스템 내에 현용기록물에 대한 전체적인
> 관리책임 계통이 없다하더라도, 기록물관리 담당 부서는 반드시
> 모든 현용기록물을 전문적인 기준에 의해 관리하는 역할을
> 할 수 있어야 한다.

[연습 11]

여러분의 병원에 현존하는 기록물관리 시스템을 간략히 서술해보라. 어떤 부서의 기능이 집중식 또는 분산식으로 관리되는지 표시해 보고, 얼마나 많은 직원들이 관여하고 있는지 기록물관리 업무에 대한 정의가 문서에 관한 절차와 정책에 수록되어 있는지, 그리고 기록물이 정기적으로 중앙 서고나 기록물 센터에 이관되는지를 간략하게 기술해보라.

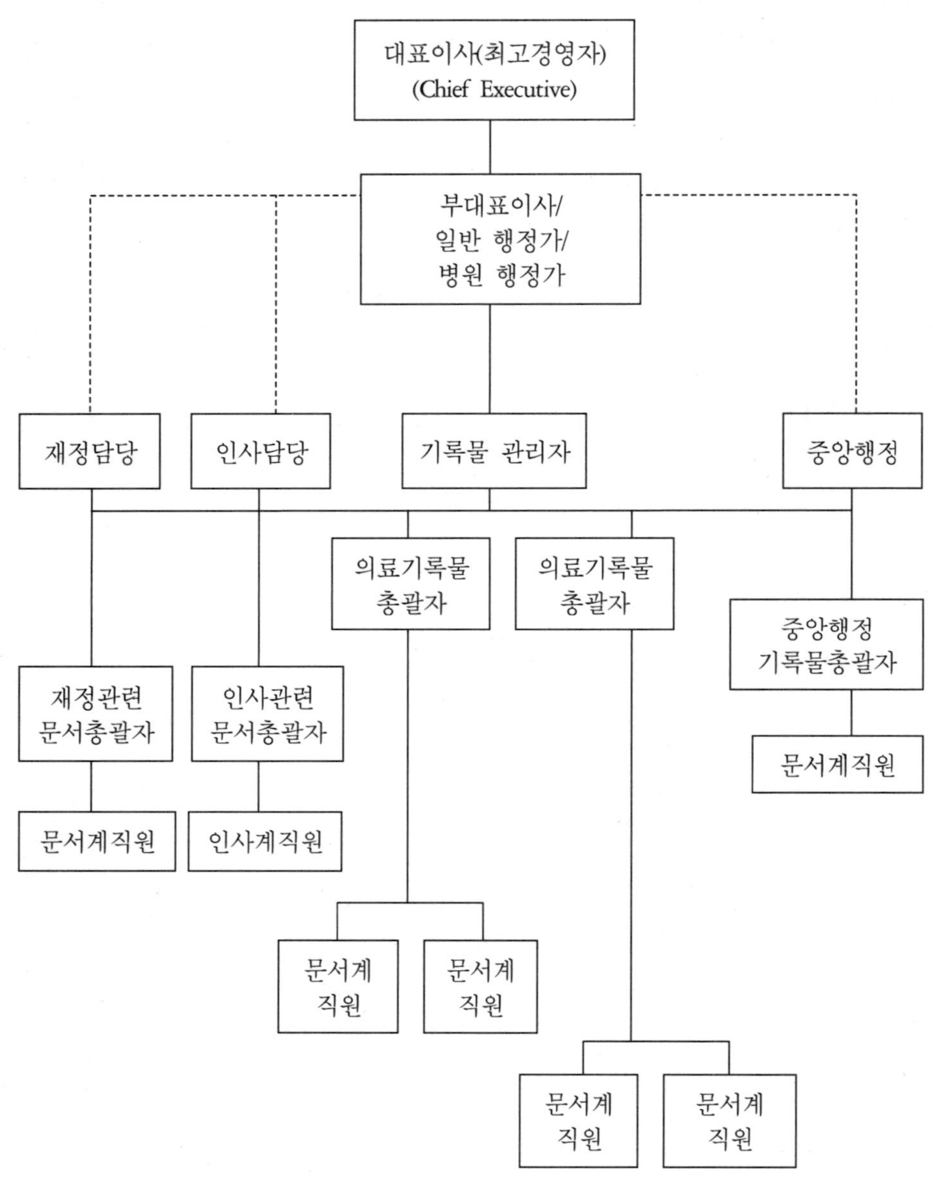

그림 1 병원 기록물 서비스 업무의 관리 구조

5. 기록물관리와 보건 정보의 관리

　　다른 조직과 마찬가지로 의료서비스는 넓은 범위의 정보 요구를 가지고 있다. 현행 기록물관리로 이런 정보요구의 중요한 일부를 만족시킬 수 있겠지만, 사실상 그 외의 많은 요구들이 데이터의 수집과 분석, 통계의 산출이나 인쇄 형태 혹은 전자 형태로 외부에서 생산된 정보자원에 의해서 충족된다. 인쇄된 정보와 관련 시설들은 보통 도서관에서 제공하고 있지만, 많은 의료서비스 기관에서는 데이터와 통계의 관리를 의료기록 기능의 일부로 간주하고 있다. 이런 일들은 통계학자나 데이터 관리자가 책임을 지는 것이 이상적이다. 현행 기록물관리와 통계분석은 서로 다른 종류의 기술이 필요하기 때문이다. 그럼에도 불구하고, 도서관과 데이터 관리 서비스를 모두 포함하여 모든 종류의 정보 관리에 대한 책임을 넓은 의미의 정보관련 부서 산하의 기록물담당 부서에 부여하는 경우가 많다.

> *데이터분석, 통계 정보와 도서관 서비스의 요구는 병원의*
> *기능과 크기에 일정정도 달려있다.*

　　대규모의 교육(대학) 병원은 의사 및 교수의 연구와 교육, 학습 프로그램을 지원하기 위한 실질적인 도서관뿐만 아니라 보건 계획, 행정 목적 및 연구를 좀더 전문적으로 지원하기 위한 세분화된 정보를 제공하는 전문 데이터분석을 필요로 하는 경우가 많다.

　　최근에, 의료계는 정보관리 분야에 높은 관심을 보이고 있다. 본 모듈은 의료 정보에 관한 논점을 전체적으로 논의하기 위한 목적으로 저술된 것은 아니지만, 실질적으로 통계데이터에 기초한 정보요구는, 재정지원자의 요구에 적절히 대처하고 의료서비스의 계획과 예산의 관리를 위해서는 적절하고 정확한 정보가 필요하다는 것을 인식하면서 그 요구가 점차 증가해 왔다는 사실은 주지할 만 하다. 이 분야에서, 기록물담당 부서가 그 중요한 역할을 담당하는 것이다.

데이터수집과 진단 코드화(Diagnostic coding)

　　정보관리의 목적으로 요구되는 많은 데이터는 주로 병원에서 일어나는 활동으로부터 파생되거나, 최소한 병원직원과 환자사이의 상호작용에 의해 생산된다. 대개 주어진 기간동안 병원을 이용한 환자, 혹은 한 지역에 사는 집단이나 특정 연령 집단의 환자에 관해 숫자로 표현되는 요약된 정보를 필요로 하는 경우가 종종 있다. 이런 정보를 제공하기 위한 가공되지 않은 정보는 환자가 등록할 때 가장 쉽게 수집할 수 있다. 데이터의 수집, 집합, 분석을 위한 자동화된 시스템은 점점 더 많이 개발되는 추세이지만, 많은 국가에서 아직도 초기단계의 자동화시스템이나 등록/수납 직원에 의해 작성되는 수작업 시스템을 사용하고 있다. 대개의 경우에 데이터는 환자대장의 적합한 항목을 세고 총계를 냄으로써 만들어진다.

어떤 특정한 질병을 진단받았거나 그 병 때문에 사망한 환자에 관한 숫자적인 데이터는 더욱 자주 사용되기도 한다. 이런 데이터는 한 병원이나 한 집단의 병원에서 월별이나 연별로 총계를 내기 위해 수집된다. 이런 데이터는 환자의 나이나 거주지역에 관한 정보 등 다른 종류의 데이터와 결합하여 질병률과 사망률 추세를 더욱 정밀하게 분석하기 위해 쓰이기게 된다. 의료데이터가 진료비에 관한 정보를 제공하기 위해 회계정보와 함께 사용되는 경우도 있다.

환자의 진단에 관한 데이터는 기록용지(tally sheet)를 사용하여 수집된다. 많은 병원에서 외래환자의 질병률 통계는 여러 진료부서에서 이 기록용지를 이용하여 수집된 정보를 가지고 산출한다. 입원환자의 경우는 특히 의사의 최종진단이 기록된 환자진료기록에서 데이터를 추출하게 되므로 더욱 신빙성 있는 자료가 된다. 모든 진단결과는 공인된 질병분류표에 따라 분류된다.

지금까지 가장 보편적으로 알려진 분류표는 국제질병분류표 (ICD, International Classification of Diseases)로서, 이것은 정규적으로 갱신되고 개정된다. 국제질병분류표(ICD)는 전략계획(strategy planning)뿐만 아니라 질병의 발생과 치료에 관한 연구를 가능케 하는 데이터의 통계분석을 위해 고안된 것이다. 국제질병분류표(ICD)는 질병률과 사망률의 국제적인 비교를 위해 세계보건기구(WHO, World Health Organization)의 회원국가들에 의해서 사용된다. 영국의 인구조사통계국(Office of Population Censuses and Survey)에서 제공한 또 다른 분류표가 있는데, OPCS라는 이름으로 알려져 있으며, 외과적인 수술을 분류하기 위해 많이 사용된다.

ICD 는 전세계의 많은 병원에서 사용된다.

분류의 과정은 '의료코드화(clinical coding)' 혹은 '진단 코드화(diagnostic coding)'라고 불리는데, 이는 ICD가 각 세부 진단마다 문자와 숫자가 조합된 코드를 할당하고 있기 때문이다. 코드화는 분류표의 사용에 대한 적절한 훈련을 필요로 하는 작업이다. 분류작업은 환자가 퇴원하였거나 사망하여 환자진료기록이 병동에서 더 이상 필요치 않게 된 후, 서고로 보내지기 이전에 이루어진다.

특별한 질병의 진단을 받거나, 그 결과로 사망한 환자들의 숫자에 관한 데이터에 대한 요구도 분명히 있을 것이다. 이런 자료는 한 병원 또는 병원그룹마다 월별 혹은 연별 총계를 내기 위해 수렴될 수 있다. 이 데이터는 질병률 또는 질병의 경향을 보다 세밀히 분석하기 위해 환자의 연령, 거주지 등 다른 정보들과 결합하여 분석되기도 한다. 임상정보는 또 진료비에 관한 정보를 제공하기 위해 회계정보와 함께 사용되기도 한다.

[연습 12]

여러분의 병원에서 어떻게 병원의 보건정보(health information)가 관리되고 있는지 간략히 설명해 보라. 누가 통계분석에 대해 책임을 맡고 있는가? 누가 이런 정보를 요구하는가? 보건정보에 관한 관심이 최근 5년간 증가했습니까, 감소했습니까, 아니면 계속 같은 상황입니까?

6. 병원 기록물 관리자(hospital records manager)

기록물 관리자(records manager)의 위치가 어느 정도 상위의 별개 정보부서를 형성할 수 있을 만큼의 권한을 가질 수도 있고 아닐 수도 있지만, 어떠한 경우에도 기록물 관리자는 반드시 병원 내 다른 부서의 장들과 효과적인 협상을 할 수 있는 충분한 위상을 가지고 있어야 한다. 기록물 관리자나, 혹은 기록물 관리자의 보고를 받는 정보관리자는 병원의 최고관리자게게로 직접적인 보고를 할 수 있는 계통을 가져야 한다. 이 내용은, 표준을 세우고, 업무를 감독하고, 이용자에 대한 서비스를 증진시키는 기록물 관리자의 역할과 함께, 본 모듈의 앞 시리즈에서 보다 상세히 논의되고 있다. 공공업무 기록물(civil service records)의 보존에 적용되는 원칙들은 병원에서도 똑같이 적용할 수 있다.

> 기록물 관리자의 역할에 관한 더 자세한 정보는, 특히 『기록 관리 인프라개발(Developing Infrastructures for Records and Archives Services』 및 기록관리의 인적·물적 자원(Managing Resources for Records and Archives Services)』을 참조하라.

병원에서 정보부서의 직원을 채용할 때에는 업무를 효과적으로 수행하기 위해 필수적인 전문기술을 가지고 있는지 고려해야한다. 기록물관리업무는 데이터분석, 통계학, 문헌정보학에서의 전문기술과는 다른 분야이지만, 병원은 사실상 이 모든 기술을 필요로 한다. 또한 병원 실정에 맞는 지원부서의 직원들도 필요하며, 기록물 서비스 부서를 위해서는 등록/수납 직원과 문서담당 직원 및 부서장이 필요할 것이다.

> 기록물 관리자는 병원에서 다른 부서의 장들과 효과적으로
> 협상할 수 있는 충분한 지위가 보장되어야 한다.

　상기에 언급된 바와 같이, 병원에서의 데이터수집은 대부분 환자의 등록으로부터 시작된다. 따라서 데이터수집 업무는 종종 기록물 서비스의 직원들과 등록직원들에게 부담되기 쉽다. 진단 코드화 업무도 데이터수집업무와 중복되는 일이 많아, 진단 코더(diagnostic coders)들이 기록물관리 부서에 속해 있는 경우가 많으며, 그렇지 않다고 하더라도, 그들의 일은 기록물 서비스의 업무와 부딪히게 될 것이다.

　이 때문에 병원 기록물 관리자는 분명 데이터수집, 코드화 기술에 관한 지식을 필요로 하게 될 것이지만, 통계학자가 될 필요는 없다. 만일 제대로 훈련받았다면 기록물 관리자는 일부 데이터를 스스로 분석을 하고자 할 수도 있다. 하지만 기록물 서비스 관리에 충실히 하고 있는 사람이라면, 기본적으로 업무의 양이 많은 통계작업을 해낼 수 있는 여유가 생기지 않을 것이다.

> 기록물 관리자는 데이터분석에 참여하지만 이것은 그들
> 업무에서 첫 번째 책임분야도 우선분야도 아니다.

7. 병원기록물의 법적 지위

　병원기록물의 법적 지위는 나라마다 다르다. 중앙정부가 병원을 직접적으로 통제하는 나라는 병원기록물에 관한 법적 지위가 다른 정부부서의 기록물의 지위와 동등할 것이다. 이런 경우 기록물이 국가기록물법 혹은 이에 동등한 법률의 시행으로 관리되며, 특별 조항에 의해 면제되지만 않는다면 이는 모든 병원 기록물에 확실히 적용된다.

정부가 병원을 간접적으로 통제하고 있는 상황이라 해도 국가기록물법은 여전히 병원 기록물과 국민의 세금의 지원을 받는(공공의 재정을 지원받는) 모든 기관의 기록물들을 포괄한다. 하지만 반대로 국가기록법이 일부러 병원 기록물을 배제하는 경우도 있고, 그 시행령이 중앙정부의 직접적인 통제를 받지 않는 기록물까지 확대하여 규정하지 않을 수도 있다.

몇몇 국가에서는, 이런 종류의 기록물을 고려하지 않은 채 법률 초안이 만들어진 경우도 있고, 법률의 문구들이 명확하게 표현되어 있지 않은 경우도 있다. 이런 환경에서 병원 기록물의 정확한 법적 지위를 확언하기란 쉬운 일이 아니기 때문에, 병원의 의무조항을 명확히 하려면 법률가에게 자문해 볼 필요가 있다.

자선기금이나 상업적인 기관에 의해서 운영되는 병원은 보통 국가기록물법에 종속되지 않지만, 그럼에도 불구하고, 법률로써 그 국가에서 병원의 법적 위치를 명확히 규정할 필요는 있다.

병원이 국가기록물법이나 동등한 다른 법에 종속되어 있든 그렇지 않든 의료분야의 기록물관리에 관한 독립된 법률 제정이 있을 수 있다. 이런 법률 제정은 병원 혹은 의료관련 기록물에 대해 특별히 규정한 형태일 수도 있고, 이 분야의 일반 규정에 기록물관리에 관한 한 두개의 문장을 포함하는 형태일 수도 있다. 후자에 대한 일반적인 실례로서 극약성 약물에 관한 입법을 들 수가 있다. 많은 영연방 국가들은 영국의 법을 모델로 삼은 법률을 가지고 있는데, 그 법은 의약 목적으로의 약물 사용을 규정하고 있고, 약물관련 기록물의 보존과 처분에 대한 특수한 조건을 달고 있다. 이런 종류의 법률은 자선체 혹은 상업적인 병원에서도 정부가 운영하는 병원과 마찬가지로 적용된다.

병원 기록물은 또한 환자 개인에 관한 정보의 기밀성(confidentiality)에 관한 의무조항에도 종속된다. 법률에서 기밀성이 크게 존중되지 않는 법을 가진 나라에서조차도, 환자는 그들이 받은 의료행위가 부적절하게 공개되어선 안 된다는 도덕적인 권리를 갖는다고 이해된다. 이런 문제들은 아래의 제4과에서 더욱 전면적으로 논의 될 것이다.

병원의 법적 의무를 명확히 하기 위해 법률가에게
자문해야하는 일은 필수적이다.

어떤 나라에서는 병원은 어떤 종류의 기록물관련법과도 거의 상관없다고 이식되기도 한다. 만일 기록물관련 법률이 존재하지 않거나 기존의 법이 크게 결함이 있다고 인식되면, 병원은 기록물 서비스를 최상으로 수행할 수 있도록 스스로 정비하고 있어야 한다. 이 점은 이미 본 프로그램의 다른 모듈에서 확인된 바 있다.

그러나 모듈『기록관리 인프라개발(Developing Infrastructures for Records and Archives Service s)』및 기록관리의 인적·물적 자원(Managing Resources for Records and Archives Services)』에서 이미 논의되었듯이, 기록물 서비스는 분명한 법적 지침이 있을 때에 가장 효과적이다. 만일 새 기록물 입법 혹은 새 보건 입법이 선포되면, 그 입법자들이 시행령에 병원 기록물 서비스에 관한 내용을 포함시키도록 조치를 취해야 한다. 그 법률에 병원이 비의료, 준현용 기록물에 대한 시행령까지 포함하는 최소한의 기준을 세우도록 하고, 포괄적인 기록물 서비스를 설립하고 유지할 수 있게 의무화하도록 해야 한다. 그리고 만일 지역적인 조건이 허락된다면, 상기에 제안되었던 것처럼, 적절한 자격이 있는 기록물 관리자들이 부서별 기록물 시스템에서 전문적인 감독을 할 수 있도록 해야 한다.

만일 적절한 법률이 준비되지 않은 상황이라면, 병원기록물관리 문제들을 다루고 있는 정부의 규정과 일반적인 명령이 있는지 검토해 보는 것도 가치있는 일이다. 특히 법률을 개정할 때는 일관성이 유지되도록 규정, 일반 명령, 내부적인 정책을 반드시 검토해야 한다.

[연습 13]

여러분 나라에 마련되어 있는, 병원의 기록물관리에 영향을 미치는 법률에 대해서 간략히 기술해 보라. 그 법률이 효과적인지, 아니면 더욱 개선되어야 하는지에 관해서 이야기해 보라.

---

8. 병원 기록물 서비스 및 기록물 관리기관

영연방정부에서의 병원 기록물 서비스는 중앙정부 부처의 문서담당부서보다 기록물관리기관과 덜 공식적인 관계를 갖는 듯 하다. 이런 상황은 병원과 중앙정부간의 행정적인 관계와 기록물관련 법안의 상태에 따라 국가마다 달라질 것이다.

만일 법률이 잘 만들어져 있다면, 기록관리기관의 장은 병원 기록물에 관한 전반적인 책임성을 지게 되고, 병원 기록물 서비스의 장은 기록관리기관의 장에게 업무에 대한 전문적인 신뢰성을 보여주어야 할 것이다. 새로운 법률이 제정되면, 반드시 이에 관련된 시행령을 수반해야 한다. 그러나 법률적인 관계가 전혀 없는 곳에서도, 업무상의 관계를 밀접히 유지하는 것이 필요하다.

일부 국가들은 최근에 의료정보에 대한 국가규모의 발전전략을 개발하고 있으며, 이를 고려중인 국가들도 있을 것이다. 전형적으로 이런 전략은 통계 데이터로부터 추출되는 정보관리를 주된 초점을 두고 있다. 그러나 가능하다면 통계정보뿐 아니라, 의료 분야의 기록정보관리도 국가적인 수준의 발전전략 계획 속에 포함시킬 수 있는 작업들이 이루어져야 한다. 그 전략에서 의료 및 비의료 기록물들까지도 반드시 동등하게 고려되어야 하며, 기록관리기관의 장은 그 전략의 준비와 실행에 밀접하게 개입하여야 한다.

전략세우기에 관한 자세한 내용은『기록관리의 전략계획(Strategic Planning for Records and Archives Services)』을 보라.

물론, 병원기록물에 관한 기록관리기관의 역할과 중앙정부의 기록물에 관한 기록관리기관의 역할에는 실무적인 차이가 있을 것이다. 국가 전체에 산재되어 있는 병원들은 지리적인 거리 때문에 병원이 자신의 준현용(semi-current)기록물을 대개 스스로 관리하고 있다. 대부분의 경우, 하나의 병원기록물이 기록관리기관으로 물리적으로 위탁되는 것은, 완전히 사용이 끝난 영구보존기록물(Archives)로 간주될 때 이루어진다.

[연습 14]

여러분의 병원과 지방정부의 자체 기록관리기관 혹은 중앙정부의 중앙기록보존소와의 조직적인 관계에 관해 간략히 서술해보라. 병원기록물의 관리를 개선하기 위한 이상적인 관계를 세우기 위해서 필요한 단계를 3단계 정도 생각해 보라.

요약

제1과는 병원기록물관리가 어떻게 이루어지고 있는지에 관한 내용을 검토해 보았다. 많은 정부기관과 민간부문의 기관이 유사한 기록물 요구를 갖고 있는 반면, 병원은 의료부문의 특수한 요구를 담보할 수 있어야 한다. 이 과는 다음과 같은 세부적인 쟁점을 논의하였다.

- 병원과 정부와의 관계
- 병원의 내부 조직
- 병원기록물의 종류. 예를 들어, 환자진료기록, X-레이, 병리학 표본, 환자 색인과 대장, 의약 기록물, 행정 기록물, 간호기록물 및 교육기록물
- 병원기록물관리의 원칙
- 의료관련 정보의 특성
- 기록물 관리자의 역할
- 병원 기록의 법적 지위
- 병원기록물과 중앙정부와의 관계

학습문제

1. 중앙정부의 기록물과 비교하면서, 병원기록물의 관리에 있어서 특수하게 일어날 수 있는 문제들을 설명해 보라.
2. 여러분의 나라에서 일반적인 병원의 전형적인 조직구조에 대한 윤곽을 그려 보라.
3. 병원 기록물관리 프로그램에서 어떤 종류의 조직구조가 형성될 수 있는가?
4. 왜 병원에서 기록물관리 프로그램이 중요한가?
5. 병원기록물의 종류에 대해서 설명하라.
6. 환자진료기록의 목적과 특성을 설명하라.
7. 환자대장과 색인의 목적과 특성을 설명하라.
8. 데이터수집이란 무엇인가?
9. 진단 코드화(diagnostic coding)란 무엇인가?
10. 병원 기록물관리 프로그램에서 기록물 관리자의 역할은 무엇이어야 하는가?
11. 어떤 종류의 법률이 병원기록물의 관리에 영향을 미치는가?
12. 병원기록물관리프로그램과 기록관리기관과의 관계를 설명해 보라.

연습: 조언

연습 1

대부분의 병원은 그들의 모기관(통치체)과 독특한 특수관계를 갖고 있기는 하지만 몇몇 공통점들이 발견되기도 한다. 예를 들어, 보통 수직적인 계층이 있다. 또한 병원 내에 분명한 명령계통 없이는 효율적으로 운영되지 못한다. 유사하게, 권위와 책임감을 견제하는 방법에도 여러 가지가 있다.

연습 2

하나의 전형적인 조직구조는 다음과 같이 보여질 수 있다.

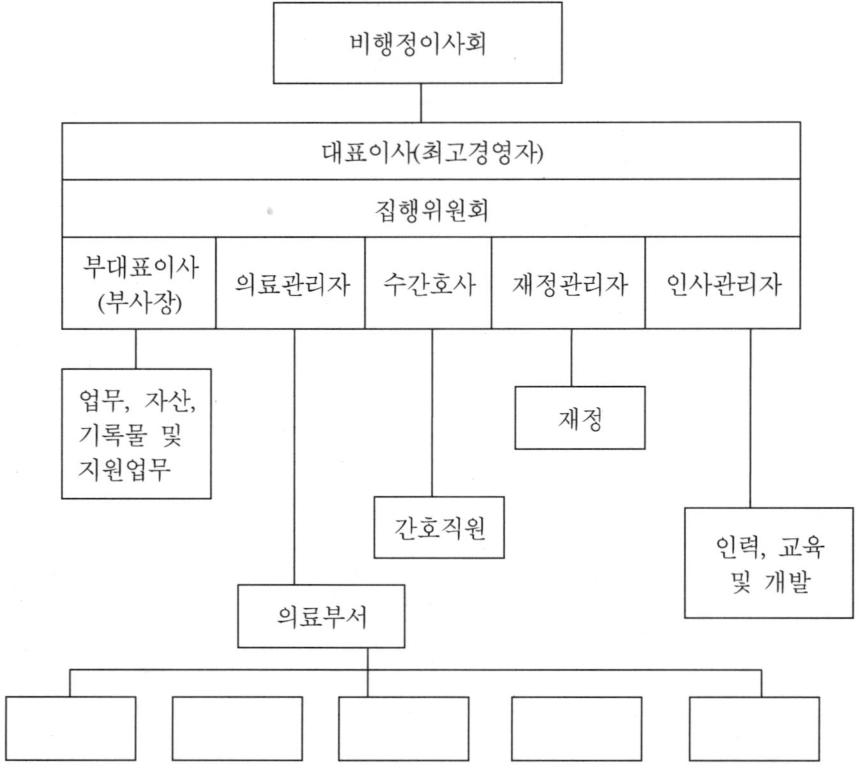

그림2 (Figure 2): 전형적인 조직구조

연습 3-10

3에서 10까지의 연습은 각 병원마다 다른 종류의 기록물이 어떻게 관리되는지에 관한 이해를 돕기 위해 만들어졌다. 이후의 과에서는 여러 가지 실례를 포함한 기록물관리의 다양한 방법을 논의할 것이다.

연습 11

기관의 조직구조에 따라서 기록물관리 시스템도 기관마다 달라질 것이다. 다른 과에서는 다양한 병원기록물을 관리하기 위해서 어떻게 그 시스템이 개발되어지는지에 관한 내용을 전달 할 것이다.

연습 12

모든 병원이 적극적으로 의료관련 통계를 산출하는 것은 아니다. 그러나 좋은 기록물관리에 있어서 하나의 가치있는 부산물은 통계정보를 모을 수 있다는 것이다. 여러분의 병원이 특히 정부 조직의 일부일 때, 의료정보 관리에 관한 책임한계를 확대할 수 있을지 검토해 보는 것도 고려해 볼만한 일이다. 정부가 의료관련 정책과 우선순위를 설정할 때 통계정보의 질적인 향상은 매우 유용하다.

연습 13

법률은 병원의 기록물관리에 영향을 미친다. 이런 법률의 예는 다음과 같다.
* 국가기록물법
* 병원 혹은 의료관련 법
* 제소기간법 (Statute of Limitation)
* 기밀성, 데이터 보호 및 환자정보에 관한 접근성에 관련한 법률과 지침
* 통제의약관련 법률

연습 14

병원은 반드시 정부의 기록관리기관 이나 유사한 기록관리부서와 밀접한 관계를 가지고 있어야 한다. 법률은 이런 관계를 강화시키기 위해 개정될 수도 있고, 병원의 정책 또한 기록관리기관의 조건을 고려하기 위해 갱신되기도 한다. 병원내의 기록물관리 직원은 기록물관리 업무분장표에 따라 범주화되기도 하며, 병원은 기록관리기관으로 직원을 보내 훈련 및 계속 교육을 의뢰할 수도 있다.

환자진료기록의 관리

본 과에서는 환자진료기록의 생산과 관리에 관하여 검토할 것이다. 여기서 논의할 첫 번째 쟁점은 병원에서 환자진료기록을 보존할 것인지, 아니면 환자 개인에게 나눠줄 것인지에 관한 문제이다. 본 모듈은 이런 환자진료기록을 병원에서 보존할 것을 추천하고 있으며, 이 원칙에 기초하여 더욱 발전시킬 것을 요구하는 입장이다. 이어지는 쟁점들은 다음과 같다.

- 병원관련 기록물을 위한 통합파일시스템
- 번호부여방식
- 환자진료기록 파일의 디자인과 내용
- 서류 양식의 생산과 관리
- 파일 내부 정리
- 파일의 종료 및 연속 파일의 생산
- 총괄환자색인의 생산과 관리
- 환자의 신분확인과 등록

I. 환자진료기록의 병원관리 혹은 환자개인관리

환자가 병원을 떠날 때까지, 환자의 병원 진료는 여러 곳의 대장에 기록되어 있을 것이다. 사소한 몇몇 경우를 제외하고는 환자진료기록에는 진단과 치료에 관한 모든 기록들이 모이게 된다. 따라서 환자진료기록은 환자의 진료에 있어서 가장 중요한 기록물이다. 환자진료기록은 미래의 참조와 통계자료의 기초를 제공하기 위해서, 혹은 연구와 의료행위를 감사할 때 기초자료가 된다. 만일 환자진료기록이 유지되지 않거나, 불완전하거나, 혹은 잃어버렸거나 검색이 불가능하다면, 환자의 진료는 타협될 수밖에 없으며, 병원마다 같은 검사를 되풀이하게 되고, 따라서 병원은 업무태만에 대한 비난을 면치 못할 것이다.

다음의 문제는 어디에 이런 환자진료기록을 보관하느냐이다. 많은 병원들이 그들 건물내에 모든 기록물을 보관하는 경향이 있지만, 일부 병원들은 환자들에게 자신의 기록을 집으로 가지고 가라고 권장하기도 한다. 자신의 기록을 가지고 가도록 허용하는 병원들은 그 기록물이 '그 환자에 근거하기 때문'이라고 이야기한다. 일부 병원에서는 외래환자의 기록물만을 '환자에 근거한' 기록물로 보고 있고, 나머지 입원환자기록은 병원 내에 보존하도록 하기도 한다.

'*환자에 근거한*' *환자진료기록* : 보다 안전한 보관을 위하여 병원이 아닌, 각 환자에게 주어지는 환자진료기록
'*병원에 근거한*' *환자진료기록* : 기록물을 위한 자체 등록 장소와 공간을 갖고 병원에서 보존하는 환자진료기록

'환자에 근거한' 환자진료기록은 많은 장점이 있는데, 다음과 같다.
- 병원내의 기록물 보존을 위한 공간 절약
- 기록물관련 직원을 적게 임용함으로써 오는 비용 절감
- 환자가 병원에 올 때, 자신의 기록을 들고 오게 함으로써 쉽게 정보를 찾고 이용할 수 있는 장점
- 환자가 다른 병원으로 가는 경우, 같은 기록물을 사용할 수 있는 가능성

'병원에 근거한' 기록물의 장점들
- 환자에게 자신의 기록물을 들고 오도록 상기시켜줄 필요가 없음
- 기록물의 분실, 손상 및 위조의 가능성 방지
- 기밀성의 유지
- 환자의 최종 진료이후 연구자료로 활용 및 감사 자료로서 이용가능
- 병원이 법적인 문제에 연루되었을 경우 기록물을 이용가능

한 영연방국가는 환자에 근거한 환자진료기록 관리시스템을 통한 경험에서, 약 30%의 환자가 병원에 다시 오게 될 때 자신의 기록을 가지고 오는 것을 잊어버렸음을 확인했다. 환자들은 자신의 기록을 아예 잃어버렸었거나, 가지고 오는 것을 잊었거나, 혹은 단순히 그

기록의 중요성을 알지 못했다. 환자기록 없이는 부정확한 진단과 부적절한 치료가 야기될 수 있다. 이런 이유로 환자에 근거한 시스템은 일반적으로 적극 추천되지 못하고 있다. 하지만 병원에서 기록물보존을 위한 자원의 부족은 환자에 근거한 시스템을 피할 수 없게 하고 있으며, 소수의 외래환자의 치료에 관한 기록물은 어쩔 수 없이 환자에 근거한 보존을 하도록 선택되고 있다. 하지만 입원환자의 등록 등 그 외의 주요한 치료에 관한 기록물은 병원에 근거하여 보존 관리되도록 권장되고 있다.

병원에서 보존하는 기록물의 이관 방법은 제4과에서 다루고 있다.

[연습 15]

여러분의 병원에서는 환자진료기록을 환자에 근거하여 관리하는가 아니면 병원에 근거하여 관리하는가? 여러분 병원에서는 왜 그 방법을 택하였다고 생각하는가? 각 방법의 장점과 단점에 대하여 세 가지씩 말해보라.

---

2. 병원에 근거한 환자진료기록을 위한 통합파일시스템 (Unitary file system)

> *환자진료를 유지하는 가장 좋은 방법은 환자별로 파일을 만들어 모든 관련 기록물을 그 안에 넣어 보존하는 방법이다.*

병원에서 처음으로 환자 기록을 유지하기 시작하였을 때에는, 기록물들은 보통 하나의 책과 같이 제본되어 여러 환자들의 상세한 기록물들을 함께 철하여 유지하였었다. 일부병원 혹은 병원들의 일부 부서들은 이렇게 제본하는 방식을 아직도 이용하고 있지만, 이런 시스템은 권장할 만하지 않다. 환자가 다른 병으로 다른 과를 찾았을 때, 한 명 이상의 환자에 대한 기록물을 포함하고 있는 책자형 기록물은 여러 부서에서 동시에 열람할 수 없다. 더욱

이, 이렇게 제본된 기록물의 이용은 날짜순 배열을 피할 수 없게 하며, 이는 한 특정한 환자에 관한 전체적인 정보를 논리적으로 이용하기 어렵게 한다.

　　일부 병원에서는 환자에 대한 기록을 카드나 혹은 종이 한 장에 수록하기도 한다. 카드를 이용하면 각 개인별로 별도의 기록을 유지할 수 있게 하여, 장정식으로 묶어서 생기는 어려움을 대부분 해결해 준다. 그러나 만일 환자들이 정기적인 치료를 받는다면, 그들의 카드는 곧 기록될 면적이 모자라 연속된 카드를 사용해야할 필요가 생기게 된다 여기서의 문제는 한 환자에 대한 여러 장의 카드들을 한 곳에 모아 유지해야 하는데 있다. 더욱 심각한 문제는 투약용지나 추천편지 등을 환자의 카드와 함께 두어야 할 때 생긴다. 스테이플, 종이 클립, 고무밴드 등으로 부착시켜 둔다면, 카드를 반복해서 이용하는 경우 불편할 수 있다. 게다가, 보통 그런 용구들은 기록물에 영구적인 손상을 주기 쉽기 때문에, 물리적인 보존의 관점에서는 용납될 만한 용구들이 못 된다. 따라서 보통의 경우 카드는 종이 문구 용품이 부족한 경우에만 차선책으로 이용된다. 그러나 기본적인 환자기록이 대규모 종합병원에 비해 비교적 간략한 보건소, 개인병원, 소규모 병원에서는 카드가 더욱 적합하다.

> *물리적인 보존에 관한 문제는『기록물 보존(Preserving Records)』을 보라.*

　　환자진료기록의 관리에 관한 최상의 실무는 개별 환자마다 각각의 파일을 만들어서, 모든 관련 문서를 넣어 함께 유지하는 것이다. 그런 파일의 물리적인 구성이나 디자인은 다음과 같이 묘사될 수 있다. 환자진료기록 파일은 환자가 처음 병원에 등록했을 때 생산된다. 그 환자가 외래병동을 방문할 때마다 혹은 입원환자로 등록할 때마다 이 파일은 이용된다. 환자의 치료 과정에 따라서, 더 많은 서류가 파일에 첨부된다. 시간이 지남에 따라 환자는 병원 내의 여러 다른 부서를 거칠 수 있고, 그런다고 해도 그 환자에 관한 모든 서류는 같은 파일에 수록된다. 만일 환자가 어느 정도의 시간적인 간격을 두고 다시 병원을 찾는 다면, 그 시간이 몇 달이든지, 혹은 몇 년이든지, 이 파일은 검색되어 부가적인 서류가 첨가 될 것이다.

　　어떤 병원에서는 각 부서마다 개별 파일을 만들어 유지할 필요가 있을 수 있다. 즉, 한 환자가 세 부서를 방문하였으면, 그 병원에는 그 환자에 대한 파일이 세 개 만들어질 것이다. 이런 경우는 주로 병원의 위치가 여러 지역에 분산된 경우이고, 각 지역마다 별도의 파일을 필요로 하기 때문이다. 특히 기록물관리 업무가 제대로 정착되지 않은 환경에서는 중앙집중 시스템의 효율성에 대한 자신감 부족으로 이런 방식을 사용할 수 있다.

그러나 여러 부의 파일을 유지하는 일은 권장되지 않는다. 왜냐하면 이는 의사나 간호사들이 한 환자의 완전한 병력에 대한 기록물 쉽게 찾아보고 활용하기 힘들게 하기 때문이다. 이런 경우 진단과 치료는 따라서 불완전한 정보에 기초하게 되고, 약품이나 알레르기에 관한 아주 중요한 사실이 간과될 수도 있다. 병원은 개인의 완전한 병력을 수록한 단 하나의 파일을 유지하도록 하여, 이런 중요한 정보가 언제든지 접근가능하도록 보장하고 치료가 협력적으로 잘 이루어지도록 해야만 한다. 이런 종류의 파일링시스템은 '통합파일(Unitary file)' 혹은 '단위파일(Unit file)' 시스템이라고 불린다.

한 개인에 대해 여러 개의 파일을 유지하는 것은 권장되지 않는다.

[연습 16]

여러분의 병원은 환자의 정보를 통합파일시스템으로 관리하는가, 아니면 여러 개의 파일에 나누어 관리하는가? 왜 여러분의 병원이 그런 방식을 선택했다고 생각하는가? 각 방법의 장점과 단점을 세 가지씩 설명해 보라.

---

3. 번호부여방법

기록물을 관리하는 방법 중 가장 효과적인 방법 중의 하나는 환자가 병원에 등록을 할 때 개별 환자에 고유번호를 부여하는 것이다. 이 번호는 환자의 통합파일을 구분하기 위해 사용될 뿐만 아니라, 그 환자에 관한 새로운 정보가 추가될 때마다 그 환자의 파일을 찾을 수 있는 구분기호(identification code)로 사용 될 것이다. 따라서 만일 환자가 X-레이 촬영을 위해 방사선과로 보내지고 그 환자의 이름이 그 부서의 대장에 입력되어야 할 때는, 환자의 번호도 환자의 이름과 함께 입력해야 할 것이다.

효율적인 기록물관리를 용이하게 하기 위해, 각 환자는
고유한 번호를 부여받아야 한다.

효율적인 기록물관리를 용이하게 하기 위해, 각 환자는 고유한 번호를 부여받아야 한다. 같은 번호가 병원 전체의 모든 부서에서 사용되어야 한다. 만일 환자가 부주의하게 두 개나 세 개의 번호를 부여받았다면, 하나를 제외한 다른 번호들은 취소되어야 한다. (번호를 취소하는 절차는 본 과의 뒷부분에서 더 자세히 서술될 것이다.)

만일 한 지역이나 국가에서 병원마다 환자에게 같은 번호를 부여하여 사용할 수 있다면, 그것은 가장 이상적인 환자기록물관리가 될 것이다. 하지만 실제로 이것은 아주 정교한 정보기술의 도입 이후에나 가능할 것이고, 현재의 여러 국가들이 도입하고 사용하고 있는 시스템의 수준으로 볼 때, 가까운 미래에 이를 완전히 성취하기에는 어려운 듯이 보인다.

병원의 기록물관리에 관한 정보기술의 사용은 제4과를 보라.

병원 내에서 환자번호로 환자를 구분하기 위해서는, 한 명의 환자에게 하나의 번호가 한 번 씩만 사용되어야 한다. 한번 번호가 환자에게 부여되면, 이것은 변경되어서는 안되며, 다른 환자에게 이 번호를 부여해서도 안 된다. 비록 그 환자가 사망한다고 하더라도, 사망 후 최소 50년까지는 그 번호를 다시 사용해서는 안 된다.

사용되는 모든 번호를 관리하는 총괄목록은 같은 번호가 두 번 이상 사용될 수 있는 가능성을 줄이기 위해 만들어진다. 두 명 이상의 환자에게 같은 번호를 부여하게 되면, 병원의 기록물의 관리 시스템은 곧 실패하게 될 것이다.

환자에 관한 기록물을 관리하는 데는
연속번호 시스템(the running number system) 이 가장 적합하다.

본 모듈 프로그램의 『현용기록물 : 생산과 관리(Organizing and Controlling Current Records)』에서 서술된 번호부여 시스템 중에서는, 연속번호 시스템(the running number system)이 환자 진료기록 파일을 관리하는데 가장 적합하다고 할 수 있다. 그러나 실제로 연속번호시스템 내에서도 수많은 종류의 번호부여방식이 있으며, 어떤 종류의 번호부여방식이 적합할지는 개별 병원의 상황이나 그 지역의 환경에 따라 달라질 것이다. 어떤 병원은 첫 환자에게 번호 1을 부여하고, 순차적으로 이어지는 번호를 환자에게 부여하는 방식을 사용한다. 환자가 더 많이 등록할수록, 파일의 숫자는 더 커지고 곧 몇 년 안에 그 숫자는 6자리까지 커질 수도 있다.

다른 병원에서는 처음부터 6자리 숫자를 부여한다. 즉 첫 환자의 번호는 000001 번이다.

이렇게 처음부터 6자리 번호를 사용하는 시스템은 서류담당 직원에게 어느 정도의 수리력을 요구하게 될 것이다. 특히 번호가 99999를 넘는 경우, 실제로 파일링을 잘 못하는 경우가 종종 생길 것이다.

파일링을 쉽게 하는 또 다른 방법은 환자에게 부여하는 번호를 처음부터 인식가능한 요소를 사용하여 정하는 것이다. 따라서 그 번호는 첫 번째 요소는 연도가 될 수 있을 것이다. 만일 1998년도에 만들어진 첫 파일의 경우라면 그 번호는 1998/1이 되는 셈이고, 두 번째 파일은 1998/2가 될 것이다. 1999년 1월에 생산된 파일은 따라서 1999/1이 된다. 혹은 또 다른 방법으로 1998/0001, 1998/0002 식으로 번호를 부여할 수도 있다. 어떤 방법을 사용하든지 사선(/)의 도입은 잘 못 파일링하는 경우의 수를 줄일 수 있다.

이런 시스템으로 나타나는 연도는 환자가 처음 등록한 해가 된다. 비록 환자가 그 다음 해에 다시 병원을 찾는다고 해도, 원래의 번호는 계속 사용되며 바뀌지 않는다. (연도를 ‘98’의 식으로 두 자릿수만 기입하지 말고 전체 년도(1998)를 기입해야 함을 잊어선 안 된다. 그렇게 해야 1900년대와 2000년대가 서로 혼돈되지 않을 것이다. 두 자리의 연도를 사용하면 1902에 등록된 사람인지 2002에 등록된 사람인지에 대한 혼돈을 가져올 수 있다.)

숫자 대신 혹은 숫자와 함께 문자를 사용할 수도 있다. A2000 혹은 AB2000이라는 참조번호는 002000보다 더 파일링 하기 쉽다. 업무가 바쁜 기록물 담당 직원은 002000을 000200으로 파일링 할 수도 있기 때문이다. 이 경우 파일은 A0001에서부터 A9999로, B0001에서 B9999로 시스템이 정한 순서대로 배열된다. 문자 I, O, S, Z등은 숫자 1, 0, 5, 2와 혼동될 수 있으니 사용에 주의해야 한다.

번호를 부여하는 방법을 정하는 것은 숫자의 범위를 정하는 것으로 시작해야 한다. 문자를 숫자와 함께 사용한다면, 전체 사용가능한 번호의 범위를 증가시킬 수 있다. 다음의 도표는 사용된 번호 부여 방법에 따른 가능한 번호의 범위의 예를 보여준다. 만일 각기 다른 번호를 1200만개 제공할 수 있는 시스템이 채택된다면, 심지어 그 나라에서 가장 크다고 하는 병원에서도 몇 세기 동안 새로운 환자에게 연속되는 새로운 번호를 부여하는데 아무 문제가 없을 것이다.

[연습 17]

여러분의 병원에서 환자의 기록을 관리하는데 사용하는 번호 부여 방식을 설명해 보라. 왜 여러분의 기관은 그 방법을 선택했는가? 그 방법의 세 가지 장점과 세 가지 단점을 말해 보라.

번호부여방식	
기호의 종류	**최대로 가능한 번호의 수**
4자리 기호 모두 숫자 예 : 1234	9,999
4자리 기호 1개 문자 + 3개 숫자 예 : A123	21,978*
5자리 기호 모두 숫자 예 : 12345	99,999
5자리 기호 1개 문자 + 4개 숫자 예 : A1234	219,978*
5자리 기호 2개 문자 + 3개 숫자 예 : AB123	483,516*
6자리 기호 모두 숫자 예 : 123456	999,999
6자리 기호 1개 문자 + 5개 숫자 예 : A12345	2,199,978*
6자리 기호 2개 문자 + 4개 숫자 예 : AB1234	4,839,516*
6자리 기호 3개 문자 + 3개 숫자 예 : ABC123	10,637,352*

* I, O, S, Z의 사용을 배제한 숫자

그림 3 번호부여방식

4. 환자진료기록 파일(Casenote file)의 설계와 내용

환자진료기록 파일의 구성은 본 모듈 프로그램 중『현용기록: 생산과 관리(Organizing and Controlling Current Records)』에서 설명된 방법과 유사하다. 병원의 파일은 바쁜 병동과 진료 부서에서 매일 많은 사람들에 의해 다루어지게 되므로 서류들이 분리되거나 무질서하게 배열되어 있지 않은지 각별히 주의해야 한다. 금속성 클립이나 스테이플 등은 서류를 물리적으로 손상시킬 수 있으므로 다른 안전한 도구들을 이용해야 한다.

파일 표지

환자진료기록 파일표지의 설계는 보통 공공기관에서 사용하는 파일표지와는 상당히 다르다. 파일 표지에는 병원의 이름이 반드시 인쇄되어 있거나 스탬프로 찍혀 있어야 한다. 어떤 병원은 '기밀(Confidential)'이라는 말을 함께 인쇄하기도 한다. 다음의 내용은 파일 표지에 반드시 기재되어야 하는 항목들이다.

- 환자의 이름
- 환자의 번호
- 가장 최근에 등록한 연도

만일 표지의 여백이 허락한다면,

- 환자의 성별
- 환자에 관한 다른 중요한 정보

만일 가능하다면, 표지는 상기 사항이 들어갈 공간을 확실히 비워두고 표제가 미리 깨끗이 인쇄되어 있는 것이 좋다. 만일 미리 인쇄를 해 두는 것이 불가능하다면, 직원은 반드시 표지의 어느 곳에 각각의 정보가 들어가야 할 지에 대한 교육을 받아야 한다. 각 파일 표지의 지면 배정을 일관성 있게 유지하는 일은 중요하다. 왜냐하면 직원이 주어진 정보를 찾을 때 어디를 봐야 한다는 것을 익힐 수 있기 때문이다. 그렇지 않으면, 직원들은 이런 일에도 시간을 많이 들여야 한다.

환자의 이름을 기록하는 적절한 방법에 대해서는 본 과의 뒷 부분에서 논의될 것이다.

환자번호는 파일 표지의 앞부분에 매우 분명하게 표시되어야 한다. 환자번호를 파일표지 위에 적절히 위치시키고 다른 정보와 적당히 떨어져서 표기한다면 파일링과 검색은 매우 용이해질 것이다. 만일 그 정보가 손으로 쓰여져야 한다면, 반드시 의식적으로 크고 굵게 쓰여져야 한다. 작고 불분명하게 쓰인 필기체는 읽기도 어렵고 경우에 따라서는 잘못 파일링하는 결과를 초래하게 할 수도 있다. 미리 번호가 찍힌 파일 표지를 사용하는 것도 좋은 방법이다. 이 번호는 표지를 문방구 공급자에게 주문할 때 미리 인쇄하게끔 할 수도 있고, 연속적으로 다음번호를 설정하면서 번호를 찍는 스탬프 기계(넘버링 기계)로 미리 찍어둘 수도 있다. 인쇄되었건 스탬프로 찍었건 이런 방법들은 손으로 쓰여진 경우보다 잘 못 읽힐 가능성이 훨씬 적다.

> 만일 가능하다면, 표지는 정보를 기입할 공간을 분명히 확보해 두고 표제가 미리 인쇄되어진 것을 사용하는 것이 좋다.

최종으로 병원을 찾은 연도는 표지에 반드시 기재되어야 하는데, 이는 몇 년간 사용되지 않은 파일을 폐기하기 위해 검색할 때 구별하기 쉽게 하기 위함이다. 여기에는 종종 미리 인쇄된 색깔 있는 스티커를 이용하기도 한다. 환자가 1998년에 마지막으로 병원에 왔으면, 1998이라고 찍힌 스티커를 파일 표지에 붙인다. 만일 그 환자가 1999년도에 다시 오면, 다른 색깔을 가진 1999라고 찍힌 스티커를 그 아래나 옆쪽에 붙여 놓는다.

습한 기후에서 스티커는 떨어지기 쉽다. 몇 년도에 병원을 찾았었는지 손으로 적을 수 있는 칸을 미리 만들어 두는 것도 같은 목적으로 사용된다. 색연필이나 안 지워지는 잉크로 색깔에 따라 의미를 주어 사용한 선이나 사선도 사용될 수 있다.

부가적인 정보를 위한 부가적인 공간을 두는 것도, 의사 혹은 간호사들이 다른 부서 직원의 즉각적인 주의를 요하는 장기적인 환자의 상태에 관한 정보를 보기 쉽게 해주는 방법 중의 하나이다. 그 예로서 특수한 의약품의 필요라든가, 알레르기, HIV 혹은 빈혈상태 등을 표시해 둘 수 있다. 만일 이런 종류의 정보가 파일 안쪽에 묻혀 있다면, 바쁜 직원들은 못 보고 지나칠 수도 있다. 이것은 때때로 부적절한 약물의 투약 등을 초래하여 아주 치명적인 결과를 가져올 수 있다.

몇몇 병원에서는 문방구 용품의 절약을 위해서 표지에 될 수 있으면 많은 정보를 기입하라고 압력을 넣기도 한다. 이는 별로 권장할 만하지 못하다. 왜냐하면 표지에 필요치 않은 상세한 모든 정보를 넣는다는 것은 직원들이 핵심정보를 기입하는 일을 어렵게 하거나 또 그것을 찾기 어렵게 만들기 때문이다. 그러므로 결과적으로 이런 상태에서 효율성을 보장하기란 어렵다. 그러나 만일 문방구용품의 경제적인 사용이 제일 우선권을 갖는다면, 표지의 앞부분은 핵심정보를 위해 남겨두고, 표지의 뒷장을 이용해서 정보를 기록하는 것은 가능하다. 의사나 간호사들은 파일 표지에 비핵심 정보를 적거나 파일의 겉표지에 부가적인 서류를 스테이플로 부착하지 않도록 주지해야 한다.

　A4 용지를 주로 사용한다면, 표지는 A4 용지보다 약간 커야 한다. 그래야 A4 서류들이 표지에 의해 보호되고, 서류를 접을 필요가 없기 때문이다. 병원번호, 환자번호, 중요한 정보들은 표지의 긴 면과 평행하게 기입될 수도 있고, 짧은 면과 평행하게 기입될 수도 있다. 만일 정보가 짧은 면과 평행하게 기입된다면, 의료진들과 간호사들은 파일을 이용할 때 파일을 옆쪽으로 돌리지 않고도 정보를 읽을 수 있다.

　그러나 환자번호와 진료연도를 표시할 수 있는 칸은 표지의 긴 면과 평행하게 표시되어야 한다. 이는 파일이 서가에 긴 면과 평행하게 보관되기 때문에, 그렇게 하는 것이 검색하고 읽기 편하다. 이런 이유로 표지 긴 면과 평행하게 인쇄하고 기입하는 방법이 선호되기도 한다. 눈에 잘 띄게 하기 위하여, 번호는 파일 표지의 가장 위 부분에 위치한다. 아래의 파일 표지의 샘플을 참고하라.

　파일 내에서 서류들을 정리하기 위해 정해둔 규칙이 있다면, 파일 표지에 미리 인쇄된 파일링에 대한 규칙을 미리 인쇄하여 포함시키는 것도 좋은 방법이다. 표지의 안쪽 면이 보통 이런 정보가 들어가기에 적합하다.

[연습 18]

　여러분의 병원에서 사용하고 있는 파일표지에 관해 설명해 보라. 왜 여러분의 기관은 그런 디자인을 선택했다고 생각하는가? 사용하고 있는 디자인의 세 가지 장점과 세 가지 단점을 말해보라.

병원번호

환자이름

기밀

(   )병원의 자산

등록연도

알레르기 혹은 다른 주의사항
혈액형

그림 4 파일 표지 샘플

5. 서식과 서식의 디자인

좋은 서식 디자인은 정보의 효율적인 수집과 분배를 위해
필수적이다.

비록 일부 병원에서는 단순히 흰종이만을 사용하고 있기도 하지만, 환자에 관한 정보와 환자의 진단 및 치료에 관한 정보를 기록하기 위해서 미리 인쇄된 양식을 사용한다면, 이는 기록물담당 부서에 있어서 좋은 실무방식이 될 것이다. 잘 디자인된 양식의 사용은 직원의 시간을 절약하고, 필요한 정보가 일관적으로 정확하게 기재될 수 있도록 도와준다. 양식은 또한 파일 이용자들이 그들이 찾는 정보가 어디에 위치하고 있는지 쉽게 찾도록 도와준다.

사용되는 서류양식은 병원의 개별적인 요구와 우선순위에 따라 다르다. 그러나 모든 병원은 반드시 '요약지(a summary sheet)'를 도입하여(이것은 때때로 'a front sheet'라고 불리기도 한다) 환자에 관한 상세한 기록이나 그의 병력에 대해 잘 요약하고 있어야 한다. 이런 종이에는 반드시 환자의 이름과 번호, 그리고 주소나 국적, 종교와 같은 개인적인 사항이 함께 적힐 수 있는 공간이 있어야 한다. 이 양식에는 또한 환자가 병원을 처음 찾은 날짜와 치료가 끝난 날짜, 그리고 최종 진단을 기록할 수 있도록 해야 한다. 이런 요약지의 샘플은 아래와 같다. 반복해서 입원했다 퇴원하는 환자의 경우는 연속지(continuation sheets)가 필요할 것이다.

그밖에 다른 유용한 양식은 체온, 맥박, 호흡, 혈액과 체액균형에 관한 차트 등의 병력 및 처방전과 행정적인 자료를 기입하는 항목들을 포함한다. 수술목적으로는 수술과 마취에 관한 기록을 위한 양식이 필요하다. 환자에게 수술이나 수술 전에 서명을 받는 수술동의서 또한 병원과 그 직원을 법적으로 보호하기 위해 추천된다. 산부인과, 소아과, 정신과에도 자체의 요구를 담은 특수한 양식들이 필요할 것이다. 또한 일부 전문 클리닉에서도 빠르고 정확히 기록할 수 있도록 인체 해부도의 일부에 관한 그림 등이 미리 인쇄된 양식을 요구할 수도 있다.

병원의 요구를 충족시킬 수 있는 양식의 범위에 대해 기록물 관리자는 병원의 의료기록물위원회 혹은 의료자문위원회와 수석경영진들과 함께 논의해야 한다. 양식에 관한 결정은 해당 국가의 법적 요건을 참작하여 만들어야 한다.

기록물담당 직원은 대부분의 근무시간을 실험보고서와 같은 완성된 양식을 파일링하는 데 쓰고 있다. 각 양식은 환자의 이름과 번호를 위한 공간을 반드시 갖고 있어야 하는데, 이는 파일링 과정을 용이하게 하고, 만일 그 양식이 이후에 파일에서 분리되어 나온 경우에

도, 나중에 누구의 서류인지를 확실히 보여주기 때문이다. 이후에 삽입되는 가제식 양식은
반드시 그 위에 성명과 번호를 가지고 있어야 한다. 만일 그렇지 않다면, 직원이 해당 환자를
찾아내 그 환자의 서류를 제 파일에 삽입시키는데 필요이상의 많은 시간을 쓰게 될 것이다.
좋은 양식 디자인은 기록물이 쉽게 읽히고, 완전하고, 정식으로 신뢰할 만하다는 것을 보장
해 주는 중요한 도구이다. 이런 이유로 양식에는 반드시 의사들이 서명하고 시간과 날짜를
기입할 수 있는 공간을 항시 가지고 있어야 한다.

이름		병원번호	
주소		변경주소	
전화번호		전화번호	
변경주소		변경주소	
전화번호		전화번호	
생년월일		국적 **한국/ 기타**	
생년월일이 불분명한 경우, 추정 생년월일		기타인 경우, 자세히 기술하라	
성별	기혼/미혼	종교	
직업			
보호자		이름	
환자와의 관계		주소	
			전화번호
보호자 변경		이름	
환자와의 관계		주소	
			전화번호

그림 5 요약지 샘플 (1)

최초 등록			
입원일	임시 진단	의사	
1차 최종 진단		2차 최종 진단	
퇴원일	사망일	입원기간	분류

2차 등록			
입원일	임시 진단	의사	
1차 최종 진단		2차 최종 진단	
퇴원일	사망일	입원기간	분류

3차 등록			
입원일	임시 진단	의사	
1차 최종 진단		2차 최종 진단	
퇴원일	사망일	입원기간	분류

그림 5 요약지 샘플 (2)

[연습 19]

　여러분의 병원에서 사용하고 있는 모든 주요 양식의 목록을 써 보라.(너무 많은 시간을 들이지 않고도 합리적으로 구별해 낼 수 있을 만큼) 그 양식들은 대량으로 인쇄되고 있는가, 아니면 잦은 수정으로 인해 적은 양으로 인쇄되는가? 병원 기록물의 양식을 생산하고 관리하는 것이 시스템 내에 하나의 영역으로 차지하고 있는가?

　두 종류의 양식을 가지고 그 디자인과 전체적인 틀을 분석해 보라. 각 양식에서 디자인을 향상시키기 위해 필요하다고 생각되는 것 세 가지를 찾아 수정해 보고, 또한 그 양식이 어떻게 왜 유용한지도 설명하라.

6. 파일의 내부 정리

　파일 안에 문서를 정리하는 방법은 '현용기록물의 조직과 통제(Organizing and Controlling Current Records)'에서 논의하고 있다. 문제는 환자진료 파일과의 관련성을 항상 염두에 두어야 한다는 것이다.

　요약지는 파일 한가운데 묻어 두는 것이 아니라, 즉각적으로 접근이 가능한 곳에 두어야 한다. 따라서 뒤에서 앞으로 파일링 하는 방법, 즉 가장 최근의 문서가 가장 위에 올려지는 파일링방법이 채택된다면, 요약지는 파일의 다른 문서들과 분리시켜서 두는 방법을 고려해야 한다. 요약지를 파일의 제일 앞에 두게 되면, 새로운 문서가 들어왔을 때 요약지를 빼서 그 문서의 앞으로 다시 올려두어야만 한다. 요약지가 반복되는 취급에 쉽게 손상될 수 있기 때문에, 이것은 그다지 권장되는 바가 아니다. 그러나 파일이 양쪽 면을 다 사용한다면, 요약지를 한 면에 두고, 나머지 다른 면에 서류를 철하는 방법이 있다. 다른 방법으로는 파일 표지 안쪽에 요약지 양식을 미리 인쇄하는 것이다. 하지만 이 방법으로는 분명 자동적으로 상세한 요약을 유지할 수는 있지만, 연속지의 사용은 불가능하다.

요약지는 즉각적인 접근이 가능한 곳에 철해야 한다.

　개별 환자에 대해 대량의 서류를 생산하는 병원에서의 최상의 방법은 파일 내에 다른 종류의 서류를 구분하기 위해서 구분용으로 간지를 끼워 넣는 것이다. 이 간지는 요약지의 위치를 분명히 구분시켜 주지는 않겠지만, 한 종류의 문서를 다른 종류와 구분하여 정리할 수 있게 해준다. 기본적인 구분은 환자가 외래등록했을 때의 서류와 입원하여 생산된 서류를 분리하는 것이다.

많은 병원에서 진단 테스트의 결과를 병력관련 서류와 별도로 보관하고 있다. 한 파일이 4개의 간지 카드를 가지고 있다면, 이는 5개의 부분으로 나뉘어 있는 것이다.

요약지는 가장 앞에 두고, 요약지 뒤에 첫 번째 간지를 둔다.

파일의 나머지 서류들은 제목이 인쇄되어 붙은 간지에 의해서 정리되는데, 다음과 같은 서류들을 포함한다.

- 병력에 관한 기록이 들어가는 용지와 수술관련 서류
- 검사 및 진단 테스트 결과
- 투약기록
- 체온, 혈압 등 정기 점검 기록

이런 파일링방식을 사용하면, 새로운 서류가 파일링 되어야 할 때마다 서류들을 파일에서 들어올려야만 한다. 특수한 편철방법이 이를 용이하게 하기 위해 고안되어 있지만, 많은 병원에서 이를 위한 특수 문방용품을 구입해야 한다는 부담을 안고 있기 때문에 쉽게 인식되지 않고 있다. 그러나 이 시스템은 파일의 이용자가 빠르고 쉽게 자신이 원하는 서류를 찾아볼 수 있게 하는 장점이 있다.

[연습 20]

제1과의 연습 3으로 돌아가 보자. 그 과에서 제공된 정보를 다시 한번 상기해보고, 당시 답했던 파일링 시스템을 개선할 수 있는 2개의 개선안을 확장시켜 보자. 어떻게 환자 정보 파일링을 개선할 수 있는지에 관한 최소한 2개 이상의 개선안을 덧붙여 보자.

7. 파일의 종결

『현용 기록물: 생산과 관리(Organizing and Controlling Current Records)』에서 이미 지적했듯이, 파일이 약 3 cm (1 in)의 두께가 되었을 때, 그 파일을 종결하고, 부가될 새로운 문서를 위해 연속하는 새 파일을 시작하는 것이 좋다.

환자진료 파일의 종결 절차는 다음과 같다. 종결된 파일은 반드시 규정된 문구가 표시되어야 한다. 즉, '제1부, [날짜]에 종결됨'이라는 표시를 해주어야 한다. 모든 현용 문서는 오래된 파일표지에서 새로운 파일표지로 복사되어야 하고 그 새 표지에는 가령 '제2부에서 이어짐'이라는 규정된 문구로 서류가 끝나지 않음을 나타내 주어야 한다. 1부와 2부 모두 같은 파일 번호를 갖고 함께 보관되어야 한다. 만일 이후에 또 다른 파일이 생산되면, 이것은 물론 '제3부'가 된다.

종결된 파일은 준현용기록물 서고로 옮겨도 된다. 그러나 이것은 환자에 대한 완전한 의료 기록을 보기 위해서는 두 곳의 서로 다른 장소에 있는 파일들을 모두 검색해 봐야 한다는 것을 뜻한다.

이 때문에, 환자가 병원에 다시 올 것으로 예상되는 경우에는 이는 권장되어서는 안 된다. 이것은 환자가 다른 지역으로 이사를 갔거나, 사망했다고 알려졌을 경우, 그 환자가 5년이상 병원을 찾지 않았던 경우에만 행해져야 할 것이다.

8. 총괄환자색인(The Master Patient Index)

공문이 도착하거나 행정절차 중에 새로운 주제에 관한 기록이 생산될 때 보통 만들어지는 보통의 일반 행정기관의 파일과는 달리, 환자진료기록 파일은 한번도 그 병원에 등록된 적이 없는 환자가 처음으로 병원에 도착했을 때 생성된다.

기존 파일의 검색은 다양한 이유로 이루어지는데, 의료 혹은 재정적인 감사를 위해 필요한 파일을 검색할 수도 있고, 혹은 교육이나 연구 목적으로 파일을 검색하기도 한다. 그러나 대개 보통의 상황에서 기존 파일의 검색은 전에 온 적인 있는 환자가 다시 병원을 찾은 경우, 그 환자의 파일을 찾기 위해서 이루어진다.

병원을 찾아오는 각 환자의 파일이 존재하는지의 확인절차와 또 기존의 파일의 검색절차는 반드시 분명하게 정해 둘 필요가 있다. 이 절차의 가장 핵심적인 도구는 병원의 환자진료 기록 파일에 대한 총괄색인이다. 이 도구는 개별 부서에서 유지하고 있는 다른 지엽적인 환자색인과 구분하기 위하여 '총괄색인'이라고 불린다. 총괄색인은 반드시 병원에서 가지고 있는 모든 환자파일을 구분할 수 있게 하는 정보를 포함하고 있어야 한다.

총괄색인은 환자진료 파일에 대한 극히 중대한 검색도구(finding aid)이다. 이것이 개정되거나 갱신되지 않고, 정확하고 정밀한 규칙에 따라서 유지되지 않는다면, 총괄색인의 환자를 구분하고 파일을 검색하기 위한 총괄색인의 목적을 달성할 수 없을 것이다. 총괄색인은 아래의 예와 같이 카드형식의 색인일 수도 있고, 자동화된 데이터베이스일 수도 있다. 환자 이름의 첫 글자에 따라 배열된 책자형식의 색인은 좋지 않다. 이름이 점점 많이 기입될수록, 사용하기가 점점 더 어려워진다. 왜냐하면 아주 엄격히 알파벳순으로 조직하기는 매우 어렵기 때문이다.

색인카드를 사용할 때, 카드에 필요한 정보를 기록할 만큼의 충분한 공간을 두고 미리 필요한 칸을 인쇄해 두는 것이 좋다. 색인카드에서 정보의 배치는 중요하므로, 잘 고안된 카드는 카드의 검색에서 정확성과 신속성을 보장할 것이다. 환자의 이름과 병원에서 부여한 번호 이 두 가지는 가장 중요하다고 볼 수 있는 정보인데, 이는 반드시 카드의 가장 위에 기입되어야 한다. 카드의 정보 배치가 잘 되어 있을수록, 이용자는 가장 유용한 정보를 가장 먼저 읽을 수 있고, 검색하는 시간도 줄어들 수 있다. 색인카드의 예는 아래와 같다.

파일 표지에 치료에 관한 모든 기록을 기입하였다면, 색인카드는 단지 간단히 환자를 구분해주는 정도의 기록만을 갖고 있어도 상관없다. 카드의 면적은 작아도 된다. 카드는 15 × 10 cm (6 × 4 in)보다 클 필요는 없다. 이는 색인을 보관하기 위해 필요한 공간을 절약하기 위한 것이다.

완성된 색인카드는 적합한 서랍에 환자의 이름순으로 저장된다. 철자가 바뀔 때마다 이를 표시해주는 카드가 사용되어야 한다. 만일 필요하다면, 남성과 여성이 구분되어 순서대로 나열될 수도 있다. 만일 색인이 이렇게 남자와 여자, 두 개의 범주로 나뉘어 진다면, 환자의 카드 번호는 편의에 따라 반으로 나눌 수 있다. 만일 ICD(1과를 참조하라)와 같은 질병분류표를 사용한다면, 환자의 이름색인과 더불어 진단색인을 유지할 수도 있다.

카드색인의 대안으로서 컴퓨터 기술의 이용은 제4과에서 논의된다.

환자진료 파일의 총괄색인은 개별 환자에 대한 파일이
존재하는지를 찾는데 결정적인 도움이 되는 중요한 도구이다.

[연습 21]

여러분의 병원에서 환자정보를 색인하는데 사용하는 방법을 설명해 보라. 그 색인 시스템을 개선할 수 있다고 생각되는 방법을 최소한 두 단계로 설명해 보라.

환자의 성		병원번호		
이름				
다른 이름				
결혼 전 이름				
주소		생년월일		
		성별	기혼/미혼	국적 한국인/기타
주민등록번호		첫 등록일		

그림 6 색인카드의 예

9. 환자의 구분

직원이 환자를 다른 환자와 혼동 없이 구별하게 하는 정보는 환자의 의료 기록에 있어서 가장 핵심적인 정보로 다루어진다. 환자가 처음으로 병원을 찾았을 때, 그들의 개인신상정보는 파일표지와 요약지, 총괄색인카드에 수록된다. 환자가 보건소나 주치의 혹은 다른 병원으로부터 추천편지를 가지고 병원을 찾게 된 경우는 대개 추천편지에 그 환자에 대한 기본 정보가 수록되어 있다. 따라서 추천편지에서 정보를 공급받는다. 이런 정보는 환자가 추천편지를 가지고 병원에 도착함과 동시에 확인된다. 그 외의 경우에는 환자 혹은 그의 가족 및 친척에게 이런 상세한 정보를 묻는다.

이름

환자의 이름은 반드시 신중하게 기입되어야 한다. 환자가 하나 이상의 이름을 갖는 경우는 성을 먼저 쓰는 것이 좋은 방법이다. 이름은 반드시 성과 구분되어야 하며 의도적으로 분리된 칸에 따로 쓰도록 하는 것이 좋다. 많은 나라에서 성이 이름의 앞에 오는 경우도 있는데, 이럴 때는 자연스럽게 그 나라의 방식을 따르면 된다.

다음의 표는 다른 문화권에 사용하는 이름의 순서의 예이다.

기독교권 및 유대교권	하나나 그 이상의 이름이 성 앞에 온다 (간혹 하이픈으로 연결되기도 한다). 하이픈으로 연결된 이름을 위해서는 적당한 규칙이 필요하다. 예를 들면, 하이픈 보다 앞에 있는 이름을 기준으로 배열한다는 규칙을 만들 수 있다.
이슬람교권	보통 개인의 이름은 종교적인 이름보다 앞에 온다. 이슬람교인들은 성을 갖지 않는 경우도 있다. 성이 없는 경우에는 두 번째 혹은 마지막 이름을 기준으로 배열한다.
힌두교권	개인 이름, 보충 이름, 성
시크교권	개인 이름, 신분 (남자는 Singh, 여자는 Kaur), 성
중국문화권	보통 성이 이름보다 앞에 온다. (일반적인 중국 성들은, 장, 왕, 이, 호, 칭 등이 있다). 홍콩과 같은 중국 일부 지역에서는 성을 뒤에 두기도 한다. 개인의 이름중 어느 것이 성인지 분명히 알아두는 것이 필요하다.

그림 7 이름의 순서

어떤 나라에서는 아주 다양한 이름을 사용하기도 한다. 병원에서는 반드시 그들의 이름으로 알려진 모든 이름을 물어서, 파일 표지와 총괄색인카드에 그 이름을 전부 기입해야 한다. 결혼 등으로 환자가 이름을 바꾼 경우나 하나 이상의 이름을 가진 환자의 경우는 반드시 상호참조 카드를 색인카드에 끼워 넣어 두어야 한다. 그런 경우에 결혼 후 이름 혹은 더 일반적으로 사용하는 이름으로 기본카드가 배열되며 상호참조 카드는 그 외의 이름으로 작성되어 배열된다.

> 환자의 이름은 반드시 완전한 성명으로 기입되어야 한다.

환자의 이름 철자를 표기하기 위해서는 어느 정도의 규칙이 필요하다. 만일 같은 이름이 여러 가지 철자로 표기될 수 있다면, 표기시 일관성을 유지하는 것이 중요하다. 문맹이 아닌 환자라면 자신의 이름의 철자를 이야기 해줄 수 있을 것이다. 하지만 문맹인 환자의 경우는 직원이 생각하기에 옳다고 여겨지는 철자로 이름을 써야 할 것이다. 여러 가지 방법의 철자법을 보여주는 안내서를 참고하는 것은 도움이 될 것이다. 만일 이런 철자법 기준서가 준비되어 있다면, 이것은 다만 문맹인 환자가 오는 경우에만 쓰는 것이 좋다. 왜냐하면 문맹이 아닌 환자는 자신의 이름을 스스로 불러주기를 원할 뿐만 아니라, 이름의 철자를 그 철자법 기준서에 따라 다르게 표기한다면 이는 환자의 기분을 언짢게 할 수도 있고, 이름이 다르게 표기되었을 때 환자의 파일을 찾는데 많은 시간을 들이게 될 수도 있다. 그러므로 환자의 이름은 환자가 이야기하는 대로 표기하는 것이 바람직하다.

총괄환자색인에서 이름의 다양한 철자를 모두 수록하는 것은 중요하다. 이런 혼동이 가능한 상황에서 가장 간단한 방법은 하나의 특정한 이름의 다양한 철자를 마치 그것이 하나의 이름인 것처럼 사용하고 대체된 이름이 있는 곳에 상호참조카드를 끼워 넣어 직원이 선택된 이름을 찾아가게 하는 것이다.

이름을 알파벳에서 다른 언어로 음역할 때도 이런 문제가 발생한다. 이런 문제가 자주 발생하는 나라에서는 기준을 삼을 수 있는 규칙을 반드시 만들어야 한다. 기록물관리기관 혹은 도서관에서 대개 이런 음역을 위한 규칙에 대한 조언을 제공하기도 한다.

다른 신상에 관한 정보

만일 드문 이름이나 특이한 이름이 아니라면, 환자의 이름은 유일하지 않다. 그러므로 제대로 환자를 구분해 내기 위해서는 이름 외에 다른 신상 정보를 획득하고 기록해 두는 것이 필요하다. 환자를 같은 이름을 가진 다른 환자와 구분하기 위해서 뿐만 아니라, 의료진들의 진단과 치료를 돕기 위해서, 혹은 환자가 사망하거나 환자의 상태에 복잡한 문제가 발생한 경우 적절한 조치를 취하기 위해서는 더욱 상세한 신상정보가 필요하다.

어떤 병원에는 같은 이름을 가진 환자가 수백명 있을 수 있다.

환자를 구별해내기 위한 정보는 환자의 총괄색인에 기입되고, 전문적인 진료에 관한 정보는 요약지와 환자진료 파일에 기입된다. 일부 상세한 정보는 색인과 파일 두 곳에 모두 기입될 필요가 있는 것도 있지만, 한 환자에 관한 정보 전체를 두 곳에 기입할 필요는 없다. 이것은 기록물담당 직원에게 불필요한 업무를 증가시키는 것이다.

파일/색인	**파일**	**색인**
성	직업	이전 이름들
이름	종교	아버지의 성 (본인의 결혼전 성)
다른 이름(만일 있으면)	보호자 성명	어머니의 결혼전 성
주소/전화번호	보호자의 주소/전화번호	
생년월일		
성별		
국적/인종		
결혼 유무		

그림 8 개인신상정보

몇몇 국가에서는 이런 상기의 정보에 관한 기입이 불가능할 수도 있다. 예를 들어, 환자가 전화를 가지고 있는 경우가 많지 않을 수도 있고, 정치적인 이유로 환자의 인종적인 정보를 묻는 것이 부적절할 수도 있다.

특히 교통시설이 발달되지 않은 나라에서는 도시에서 멀리 떨어진 곳에서 온 환자의 경우 외래환자로 계속해서 병원을 다녀야 할 때 친구나 친척의 집에서 머물러야 할 필요가 있을 수도 있다. 이런 상황이 일반적인 병원에서는 환자의 본래 주소와 현재 머물고 있는 곳의 주소를 다 기입해 두는 것이 현명하다.

어떤 정보는 획득하기 불가능할 수도 있다. 덜 발달된 사회에서는 환자가 자신의 생년월일을 알지 못하고 있을 수도 있다. 이런 경우, 환자에게 국가의 어떤 역사적 사건을 기억하고 있는지 등의 질문들을 하여 환자의 나이를 가늠할 수 있도록 등록담당 직원들을 훈련해야 한다. 만일 그런 질문을 하는 것조차 가능하지 않은 상황이라면, 직원은 환자의 외모나 혹은 환자 자신이 이야기하는 대략의 나이에 기초하여 대략적인 연도나 혹은 연대(50년대, 60년대 등)를 추정하여야 할 것이다.

모든 경우에, 환자의 파일은 수년 동안 사용될 수 있기 때문에 추정이건 사실이건 등록시 나이보다는 생년월일을 등록해야 한다. 만일 나이가 추정되었다면, 표제에는 분명하게 '추정' 혹은 '대략' 몇 세라는 표시를 해주어야 한다.

생년월일을 묻는 것이 환자를 구분하는데 종종 유용하지만 많은 덜 발달된 사회에서는 환자의 아버지의 성 혹은 어머니의 결혼전 성(maiden name of mother)[3] 등이 같은 이름의 환자를 구분하기 위해 유용하게 사용될 수 있다. 이러한 이유 때문에 총괄색인에서 같은 이름의 색인이 두개 이상 있을 때는, 어머니의 결혼 전 성에 따라서 알파벳순으로 파일 되어야 한다.

[연습 22]

여러분의 나라의 이름 짓는 방법에서 이름의 색인방법에 영향을 미치는 주요한 요소들을 설명해 보라.(예를 들어, 성이 이름의 앞에 오는지 혹은 뒤에 오는지, 이름이 특수한 기호를 사용하여 쓰여지는지 등) 이런 요소를 감안하여, 병원에서 색인을 작성할 때 어떻게 해야 이름이 정확하게 기록될 수 있는 지 그 방법을 3단계로 제시해 보라.

병원등록증

다시 병원을 찾는 환자를 구분하기 쉽게 도와주는 방법 중에는, 모든 환자에게 그들의

---

3 결혼으로 여성의 성이 남편의 성으로 바뀌는 사회의 경우, 환자 본인의 성은 환자를 구분하는데, 큰 도움이 되지 못한다. 그 환자가 결혼 혹은 이혼하는 경우 바로 성이 바뀌기 때문이다. 이런 사회에서는 주로 어머니의 결혼 전 성이 본인 확인을 위해 주로 사용하는 기준이 된다. 어머니의 결혼전 성이 그 환자와 주변 사람의 이름 중 가장 쉽게 바뀌지 않기 때문이다.(역주)

이름과 환자번호를 기입한 병원등록증을 발행하는 것도 권장할 만한 방법이다. 환자는 병원에 올 때마다 반드시 그 카드를 가지고 오도록 해야 한다. 어떤 병원은 환자가 병원등록증이나 혹은 진료예약카드를 가지고 오는 경우 병원 요금의 일부를 할인해 주는 방법을 쓰기도 한다.

[   ] 병원 등록증

병원을 방문할 때마다
이 카드를 가지고 오십시오

이름

성

환자번호 : _______________________

그림 9 병원등록증

10. 환자의 등록

등록은 여기서 병원에 환자가 도착했다는 것에 대한 응답으로, 이어지는 필요한 행정적 절차로서 정의된다. 등록의 주요 요소는 환자의 신분확인, 파일의 검색 혹은 처음 온 환자의 경우 새 파일 작성, 그리고 환자의 진료 혹은 치료가 시작되기 전에 의료진들에게 파일을 보내는 일 등이다.

이런 절차가 운영되는 방법은 수많은 요소에 따라 달라진다. 그러나 그 요소들은 주로 병원에 한 환자가 방문한 당시보다 미리 알 수 있는 환자정보의 범위에 달려있다. 즉 이런 정보는 그 나라의 발전정도에 의해 영향을 받는데, 환자의 문맹정도와 우편, 전화 혹은 다른 서비스 등 신뢰할 만한 정보 획득 방법의 유무 등에 의해서 결정된다.

문맹이 별로 없이 발달된 구조를 가진 사회에서는, 응급실등록을 제외하면, 병원은 예약 등의 절차로 환자가 병원에 등록하기 이전에 이미 환자 정보를 획득한다. 또한 응급환자가 아닌 경우, 병원은 입원을 위한 대기자 명단에서 환자정보를 알 수 있다. 환자들은 대개 지방 보건시설 혹은 환자의 개인주치의의 추천을 통해 큰 병원으로 보내지게 되고, 이를 통해 병원은 환자의 방문을 예견하고 그들의 첫 예약은 우편이나 전화를 통해서 이루어진다.

이런 과정은 총괄환자색인을 검색하는 등 등록절차의 대부분의 요소에 관한 확인을 환자가 병원에 오기 전에 미리 시작 가능하게 해준다. 외래 환자 진료는 환자의 예약 목록이 하루나 이틀 전에 기록물담당 부서로 보내져, 환자 진료 이전에 해당 클리닉에서 기존의 파일들을 모두 이용할 수 있게 된다.

예약시스템은 기록물담당 부서가 업무를 잘 조직하게끔 도와주고, 병원에서 환자들의 예약이 밀리지 않게 하고, 환자를 가까운 병원 분관에 배치할 수 있도록 도와줄 수 있을 것이다. 우편과 전화 서비스가 한정되어 있는 곳(최초 방문을 위한 예약은 더 어려울 수 있다) 혹은 지방 보건 시설이 많지 않은 곳에서도(주요 종합병원이 추천을 통해서 오는 곳이 아니라 환자가 첫 번째로 찾는 병원이기 때문에), 예약시스템을 충분히 잘 알고 이용할 정도로 읽고 쓸 줄 아는 환자들이라면 방문할 때마다 그 다음 방문에 대한 예약을 하는 일은 가능할 것이다.

반문맹 사회에서 예약시스템은 추진하기 더욱 어려운 업무일 수 있다. 많은 환자들이 그들의 예약일이 아닌 날에 온다던가, 혹은 예약 없이 오기 때문이다. 더욱이, 교통시설이 제한된 곳에서는 읽고 쓸 줄 아는 환자에게조차도 병원 예약일에 다시 오라고 돌려보낼 수는 없는 일이다.

대부분의 개발도상국에서 볼 수 있는 그런 상황에서, 병원은 일반적으로 응급이 아닌 환자들이라도 그들이 병원을 방문할 때마다 진료를 해주고 있다. 일부 환자들은 예약을 하고 오고 일부는 그렇지 않은 병원에서는 보통 더 복합적인 시스템을 갖거나, 예약시스템을 전혀 사용하지 않는 경우도 있다.

환자가 병원에 도착했을 때, 환자의 신분을 확인하거나, 그들의 진료파일을 검색하는 일은 매우 중요하다. 이런 신분확인 과정은 기록물담당 부서의 업무과정으로 환자가 등록할 때 이루어지는 절차로 자리잡고 있어야만 한다. 총괄환자색인은 여기에 설치되어 있어야 하며, 기록물담당 직원은 병원 문이 열려 있을 때는 언제나 이런 업무에 대한 준비가 되어 있어야 한다. 다음은 이 시스템에 대한 설명이다.

병원 등록 절차

환자가 등록부서에 도착을 알리면, 직원은 환자가 환자번호를 가지고 있는지, 이전의 방문으로 파일이 생성되어 있는지를 확인을 하여야 한다. 대부분의 경우 환자의 병원등록증에 적힌 환자번호를 통해 기존의 파일을 검색하는 일이 가능할 것이다. 그러나 만일 환자가 병원등록증을 잃어버렸거나 가지고 오는 것을 잊어버린 경우에는, 환자의 파일을 검색할 수 있도록 총괄환자색인에서 이름을 찾아 볼 필요가 있다. 환자의 이름이 흔한 이름인 경우, 기록물담당 직원은 환자나 혹은 보호자와의 인터뷰를 통해서 색인에 존재하는 많은 같은 이름 중에 그 환자의 이름을 구분해 낼만한 충분한 정보를 얻을 필요가 있다. 생년월일 혹은 주소와 같은 상세한 정보가 유용할 수도 있지만, 상기에 기술한 바와 같이, 환자를 구분해 낼 수 있는 가장 신뢰할 만한 수단은 어머니의 결혼전 성을 묻는 것이다.

> 등록절차는 직원이 환자의 신분을 확인할 수 있도록 도와주고
> 파일을 빠르고 효율적으로 검색해 내도록 해준다.

만일 환자의 이름이 색인에 나타나지 않는다면, 새 파일을 만들어야 한다. 만일 미리 번호가 찍힌 새 파일들을 항상 넉넉하게 유지하고 있다면 더욱 유용할 것이다. 앞서 논의되었던 양식들을 미리 준비하여 파일 표지 안에 미리 넣어둔다면, 파일은 이미 이용될 준비가 된 것이다. 매번 새 환자가 도착하면, 다음 번호가 미리 매겨있고 양식들이 들어 있는 파일을 사용하기 위해 가져온다. 이 방법은 정확한 순서로 번호가 환자마다 할당되도록 도와준다. 만일 같은 시간대에 환자등록을 위한 직원이 한 명 이상이라면, 일괄의 번호가 찍힌 파일들을 직원마다 따로 할당해 주어 혼돈을 막아야 한다.

총괄목록 또한 마련되어서, 어떤 환자가 어떤 번호를 배당 받았는지 기록해 두고 있어야 한다. 이 목록은 번호순으로 유지되어야 하고, 이 목록을 사용함으로써 한 번호를 부주의하게 두 번 사용한 일이 없는지 확인해 볼 수 있다. 이 목록의 각 페이지는 반드시 최소한 두 칸을 가지고 있어야 하는데, 첫 번째 칸에는 미리 인쇄된 번호 혹은 나중에 기입한 번호가 채워지고, 두 번째 칸은 환자의 이름이 기입된다. 만일 필요하다면, 더 많은 칸을 만들 수도 있고, 이는 등록일 혹은 통계적인 목적을 위한 다른 정보를 위해서 쓰일 수 있다. 만일 환자등록부서에 직원이 한 명뿐이라면, 그 목록은 책자 형태로 유지되어도 상관없다. 가제식 목록은 환자 등록의 업무에 한 명 이상의 직원이 동시에 일하는 경우 사용되는 것이 좋다. 이런 가제식 목록은 매일 업무가 끝나는 시간 혹은 매주 업무가 끝날 때 바인더로 각 목록을 모아 묶어 둔다.

새 파일을 만들기 전에, 직원은 기존의 파일이 있는지 세심하게 살펴볼 필요가 있고, 그렇게 하도록 교육이 이루어져야 한다. 관리자는 이런 직원들이 실제로 그렇게 하고 있는지 정기적으로 점검할 필요가 있다. 때때로 환자들이 그 병원에 온 적이 없다고 주장할 때에도 총괄색인을 확인한 직원이 그들의 파일을 기존파일에서 찾아내는 경우도 있다. 특히 진료부서가 여러 클리닉으로 넓은 지역에 퍼져있는 경우에는, 환자는 자신이 이전에 방문했던 클리닉이 그 병원의 한 부서였다는 사실을 모를 수도 있다. 따라서 환자가 그 병원에 처음 왔다고 주장하는 경우에도, 직원은 새 파일을 만들기 전에 색인을 항상 검색해봐야 한다.

보통의 병원에서 환자는 치료를 받기 전이나 받은 후에 요금을 지불해야 한다. 병원은 환자가 돈을 지불하지 않고 등록되는 일이 없도록, 비용의 지불을 등록절차와 통합하고자 할 수도 있다. 등록계 직원은 때때로 수납의 업무까지 같이 하도록 요청 받기도 한다.

그렇지 않으면, 등록계 창구 안이나 인접한 창구에 수납계를 두어 따로 운영할 수도 있다. 이런 경우, 치료가 끝난 후에 치료금액을 지불하도록 하는 일이 가능해지는데, 즉 수납은 완전히 분리된 업무로서 운영된다.

등록이 완료된 이후에, 환자는 병동이나 진료실로 보내진다. 이 때 직원이 그 환자의 파일을 직접 들고 병동이나 진료실로 간다면 가장 이상적인 업무가 될 것이지만, 환자의 기밀성에 관한 정책이 허용하는 한, 환자가 자신의 파일을 들고 가도록 하는 것도 가능하다. 환자에게 자신의 파일을 들고 가도록 하는 것은 그 파일이 새로 만들어 진 것이라고 해도 전적으로 추천될 만한 선택은 아니지만, 직원의 보충 비율이 낮은 상황이라면 가능한 일이기도 하다.

환자가 자신의 파일과 치료 요금 청구서를 직접 들고 다니는 경우에, 병동이나 진료실의 직원들은 그 환자의 등록절차가 이미 완료되었음을 알 수 있을 것이다. 파일이 다른 수단에 의해서 보내진다면, 등록부서 직원이 등록이 완료되었음을 알려주는 일정한 양식을 환자에게 주어 가지고 있게 한다면, 그것을 통해 병동이나 진료실 직원은 모든 필요한 절차가 완료되었음을 알 수 있을 것이다. 환자의 병원등록증에 적당한 표시를 함으로써 등록이 완료되었음을 알릴 수도 있으며, 파일이 제대로 보내져 왔음을 확인하는 확인증을 발행하는 것도 유용한 방법이 될 있다.

[연습 23]

여러분 병원의 등록절차를 간략히 묘사해 보라. 여러분의 병원에서 환자를 등록하기 위해 사용하는 방법의 결과로 나타나는 관리상의 문제점이나 논쟁점을 세 가지 정도 생각해보라. 기록물관리의 관점에서 등록시스템을 개선시키기 위해 취할 수 있는 방법 세 가지를 제시해 보라.

등록에 관한 일반적인 문제점

만일 환자가 이전에 그 병원에 온 적이 있다고 주장하지만 그의 이름이 색인에 없고, 그 환자번호를 알아낼 길이 없다면, 그 환자는 새로 등록하여 처리되어야 한다. 그러나 그 환자의 파일에는 표지에 그 환자가 온 적이 있다고 표시하여야 하고 만일 알 수 있다면, 당시의 날짜와 상태에 관해서도 표시하여야 한다.

환자의 번호는 알 수 있지만 파일을 찾을 수 없는 경우는, 임시 파일을 만들어서 잃어버린 파일과 같은 번호를 부여하고 '임시파일'이라는 표시를 표지에 한다. 직원은 반드시 관리자의 확인을 받은 이후에 임시파일을 만들어야 하며, 그 관리자는 모든 방법을 동원하여 원래 파일이 있을 만한 곳을 찾아본 후에 새 파일을 만들도록 허락해야 한다.

잃어버린 파일을 찾는 과정에서 했던 모든 절차 및 검색 방법을 임시파일에 적어 놓는 것은 좋은 업무 방법이다. 만일 원래 파일이 곧 발견되면, 올바른 순서대로 간지를 사용해서 두 파일에 있는 모든 내용은 한 곳으로 합쳐야 한다. 임시 파일의 표지는 특별한 정보의 기입이 없는 이상 파기해도 상관없지만, 만일 그런 정보가 있다면 본 영구파일 표지 안에 끼워두어야 한다.

환자번호는 알 수 있지만 파일이 폐기된 경우에는, 새 파일을 만들되 폐기된 파일과 동일한 번호를 사용하고 '이전 파일 폐기'라는 표시를 한다.

환자가 두개의 다른 환자번호를 가지고 있고, 따라서 두개의 파일을 가지고 있다면 두 파일은 반드시 상기의 방법대로 합쳐져야 한다. 하나의 파일 안에 필요한 서류들을 다시 정리하고, 총괄색인에서 잉여 카드를 제거함으로써 잉여 번호를 삭제해야 한다. 총괄색인 안에 남겨진 카드에는 '이 환자의 XXX 번호 파일은 삭제되었음'이라는 표시를 해주어야 한다. 또한 파일 번호 목록에서 지워진 번호에는 'YYY번호파일로 합쳐졌음'이라는 표시를 해주어야 한다.

한 환자가 두개의 다른 이름으로 등록했음이 발견되면, 파일은 반드시 합쳐져야 하고, 환자번호 중 하나는 상기에 설명된 바와 같이 삭제되어야 한다. 합쳐진 파일에는 등록된 이름이 둘 다 기재되어 있어야 하며, 이 환자는 하나 이상의 이름을 사용하고 있음을 적어두어야 한다. 게다가 총괄색인에서 하나의 이름은 반드시 다른 이름과 상호참조 되어 있어야 한다.

[연습 24]

여러분 병원에서 경험된 등록절차에 관한 문제 중 세 가지 일반적인 문제에 관하여 설명해 보라. 각 문제점에서 해결을 위해 취해질 수 있는 방법을 최소한 두 가지씩 제시해 보라.

입원환자 등록

만일 외래 환자의 기록물들이 하나의 통합된 파일시스템 안에 포함되지 못하고 등록업무가 단지 병동 입원 환자들만을 담당하고 있다면, 등록절차는 비교적 간단할 것이다. 응급이 아닌 환자의 경우 병동 입원이 미리 계획되어 있다면, 대기자명단(waiting list)과 예약시스템을 통해서, 환자는 대기자 명단에 이름을 올릴 때 혹은 입원이 결정될 때에 등록하게된다. 환자들이 미리 등록한다면, 파일은 입원 날짜 이전에 미리 준비되어 있을 것이다.

예약시스템이 없거나 정해진 대기자명단을 이용하지 않는 병원에서는, 비응급 환자들의 입원은 그날그날의 상황에 따라서 병동의 침대를 관장하는 의사에 의해서 결정될 것이다. 의사는 각 환자에게 정해진 날짜에 입원을 받아들일 것인지를 확인하는 서명된 양식을 제공한다. 병원이 환자가 입원허락 없이 등록하는 경우를 피하고자 한다면, 등록시 이런 서명된 양식을 가지고 오지 않는 환자는 필요한 동의서를 가지고 오도록 다시 의사에게 돌려보내질 것이다.

만일 등록절차가 입원환자 뿐만 아니라 외래환자까지도 다룬다면, 매일 등록하는 환자의 숫자는 훨씬 커질 것이다. 등록 후에 환자는 적합한 클리닉으로 가게 되고, 거기서 의료진들은 그 환자가 치료가 필요한지를 결정하고, 입원이 필요한지를 확인하게 될 것이다. 상황에 따라서, 입원이 결정된 환자들은 대기자 명단에 자신의 이름을 올려서 정해진 날짜에 입원하거나, 혹은 즉각적인 입원이 결정되기도 한다.

> 대부분의 입원이 미리 계획되는 병원에서도, 응급 입원을 위한 조정은 필수적이며 등록계에서 절차를 마치기에는 너무 아픈 환자의 경우에 대한 조정도 고려되어야 한다.

환자를 동반한 가족이나 친지가 환자를 대신하여 등록절차를 하는 것도 경우에 따라서는 가능하다. 그러나 의료진들의 재량으로 기록물담당 직원을 불러 병동에서 환자들을 등록할 수 있도록 하는 시스템이 미리 마련되어야 있어야 한다. 의료진과 간호직원들은 절대로 그들 자신이 새 파일을 만들어서는 안되며, 정히 필요한 경우에는 기록물담당 직원에게 요청하게끔 교육받아야 한다.

만일 환자가 응급실에서 등록을 해야 하거나, 기록물담당 직원이 없는 상태에서 등록해야 하는 경우에는, 의사와 간호사는 임시 파일을 받아서 사용하거나, 종이를 안전하게 끼울 수 있는 장치가 되어 있는 서류철을 받아서 사용할 수 있다. 환자가 받아들여진 다음에는 가능한 한 빨리 기록물 담당 직원들에게 자문하여, 정식 등록절차가 이루어지도록 해야 한다.

몇몇 병원에서는 간호사나 다른 직원들이 기록물담당 직원이 없는 경우 기존 파일을 검색할 수 있도록 허용하기도 하지만 이것은 권장할 만하지 못하다. 기록물관리전문이 아닌 직원이 기록물을 검색할 경우에는 검색된 파일의 보관에 관한 명확한 교육이 우선되어야 하고 존중되어야 한다. 만일 인적 물적 자원이 허용된다면, 문서계는 24시간 운영이 가능하도록 직원을 배치하는 것이 좋다.

[연습 25]

여러분의 병원에서 사용하는 입원환자 등록절차에 관해서 설명해 보라.
기록물관리의 관점에서 그 절차를 개선할 수 있는 방법 두 세가지를 제안해 보라.

외래환자의 진료절차와 등록

제1과에서 지적된 바와 같이, 외래 환자 치료의 관리는 병원마다 다양하다. 어떤 병원에서는 전문 클리닉, 종합 클리닉, 그리고 사고 및 응급실을 별도로 분리하여 운영하기도 한다. 다른 병원에서는 단순히 하나 이상의 다목적 클리닉을 가지고 있기도 하다. 기록물담당 부서는 병원 전체의 실무에 있어서 기록물에 관련된 부분에만 영향을 미칠 뿐, 궁극적으로 클리닉의 조직은 병원 관리자들에 의해서 결정된다. 기록물담당 부서는 각기 다른 상황에서 직원들의 요구를 만족시키기 위해 적절한 기록물 시스템을 고안해야 할 것이다.

통합 환자진료기록 파일시스템(a unitary casenote file system)을 운영하고 있는 많은 병원에서는 사고 및 응급처리부서 혹은 비교적 사소한 상해를 입은 일반 외래 환자 클리닉의 경우 예외를 두기도 한다. 정기적인 치료를 위주로 하는 면역 클리닉 혹은 치과 클리닉 같은 몇몇 부서도 통합파일시스템과는 별도로 환자기록을 다루기도 한다. 이런 부서의 직원들은 일반적으로 환자의 완전한 병력 파일을 볼 필요가 없고, 현실적으로 기록물을 부서 내에서 따로 관리하는 것이 보통으로 받아들여지고 있으며, 따라서 이에 관한 업무도 보통 간단해 진다.

> *일부 부서에서 의료진이 환자의 완전한 병력을 전부 볼 필요가 없는 경우에는 자체로 기록물을 관리하는 것이 일반적으로 더 간단하다.*

이렇게 따로 관리하는 기록물은 보통 카드에 기록되고 환자 이름의 알파벳순으로 정리된다. 보통 환자번호는 필요치 않고, 오히려 일부 병원에서는 사소한 문제를 가지고 오는 외래 환자의 경우에는 파일을 생산하는 것조차 고려하지 않는 경우도 있다. 그러나 만일 환자가 병원의 다른 부서에서 의뢰를 받고 오는 경우는 그 병원의 통합파일시스템을 검색해 보고 어떤 파일도 생성된 적이 없다면, 새로운 파일을 만들어야 한다.

가능하다면 전문 클리닉에서 치료받은 환자는 반드시 통합파일시스템 내에 기록이 남겨져야 하며, 그래서 환자가 병동으로 옮겨졌을 때에도 그 클리닉에서 제공받은 치료가 조화되어 이어져야 한다. 그러나 어떤 그룹의 환자가 통합파일시스템 내에 속해야 하는가에 관한 문제는 기록물담당 부서가 단독으로 결정할 문제는 아니다. 비록 기록물 담당 직원이 그들이 선호하는 방법으로 업무적인 가능성에 대해서 조언을 줄 수 있을 지라도, 병원 관리자와 의료진들도 또한 이 문제에 관해 나름대로의 의견이 있을 것이다.

통합파일시스템이 운영중이지만 예약시스템이 없는 경우에는, 모든 환자는 반드시 그들이 병원에 도착하면 등록계에 가서 도착을 알려야 하는데, 이로써 그들의 파일이 확인되고, 혹은 새 파일이 만들어진다. 그러나 기록물시스템은 모든 환자들이 미리 예약을 하고서 진료를 받으러 오는 병원의 경우에 훨씬 운영하기 쉽다.

권장할 만한 시스템은 다음과 같다. 환자는 그들의 첫 예약을 하게 되거나 첫 진료가 이루어진 날에 등록된다. 환자들이 처음 등록할 때에 병원등록증이 발행되고 그 병원등록증에는 다음의 예와 같이 빈칸이 있어 예약 날짜를 기록해 둘 수 있다. 환자가 예약을 할 때, 날짜와 가능한 시간과 클리닉 이름, 그 환자를 담당하고 있는 의사의 이름 등이 함께 병원등록증에 기록된다. 모든 예약은 또한 환자의 이름과 파일 번호가 동시에 기입되는 클리닉일지(a clinic diary)에도 기록된다. 진료가 이루어지는 하루나 이틀 전에 이 일지나 일지의 사본이 파일 목록의 검색을 위해 이용된다.

후속진료를 위한 병원방문이 항상 예약을 통해서만 이루어진다면, 일지 시스템은 환자들이 이런 경우에는 다시 등록할 필요가 없음을 의미한다. 그러나 만일 예약없이 오거나 예약과 상관없이 오는 환자들을 돌려보내지 않는 것이 병원의 방침이라면, 그런 환자들은 등록부서로 가서 파일을 검색하거나 새 파일을 만들어 진료 받을 수 있도록 해야 한다.

클리닉의 마지막 단계에서의 기록물관련 절차는 제4과에서 논의될 것이다.

[연습 26]

여러분 병원에서 외래 환자의 등록절차는 어떠한지 설명해 보라. 입원환자의 등록절차와 어떻게 다른가?

기록물관리의 관점에서 이 절차를 개선할 수 있을 만한 방법을 두 세가지 이야기해 보라.

환자의 이름 : ___________________________

환자 번호 : ___________________________

날짜	진료과목

날짜	진료과목

접는 선

그림 10 예약 용지 샘플

요약

　본 과에서는 병원에서 환자 파일이 보존되어야 하는지 혹은 환자에게 돌려주어 환자가 관리토록 해야 하는지에 관한 문제를 제기하면서 환자진료기록 파일의 관리에 관한 개요를 논의하였다. 병원에서 환자 파일을 보존하는 것을 권장하였지만, 이 원칙의 범위에서 차선적인 대안에 관한 논의도 이루어 졌다. 본 과는 또한 병원 기록물을 위한 통합파일시스템과 파일을 정리하기 위해 어떻게 번호가 부여되어야 하는지에 관한 여러 가지 선택사항에 관한 개념도 논의하였다. 환자 파일의 설계에 있어서 고려되어야 할 항목들과 그 내용의 효율적인 관리를 위한 방법들도 검토되었다. 파일 양식의 생성과 관리 그리고 파일의 내부적인 정리에 대해서도 살펴보았고, 파일의 종결에 필요한 실무도 논의되었으며, 총괄환자색인의 생성과 관리도 다루었다. 마지막으로, 환자의 신분확인과 등록절차에 관한 포괄적인 논의도 포함하고 있다.

학습문제

1. 병원에서 환자진료기록 파일을 보존한다면 그 장점은 무엇이고 그 단점은 무엇일까?
2. 환자진료기록 파일이 병원 내에 보존되지 않고 환자에게 가지고 가도록 한다면, 그 장점과 단점은 무엇이 되겠는가?
3. 통합파일시스템이란 무엇인가?
4. 환자에게 병원에서 환자번호를 부여하는 목적에 관하여 설명해 보라.
5. 왜 개별 환자에게 고유한 번호를 부여해야만 하는가?
6. 환자가 등록할 때 어떤 종류의 번호부여 방법이 있는가?
7. 환자진료기록 파일의 커버에 기재되어야 하는 정보의 종류에 대해서 설명해 보라.
8. 병원에서 어떤 종류의 양식이 사용될 수 있는가?
9. 요약지의 목적은 무엇인가?
10. 환자진료기록 파일속의 문서들은 어떻게 정리되어야 하는가?
11. 파일의 종결 절차에 관해 설명해 보라.
12. 총괄환자색인이란 무엇인가?
13. 총괄환자색인은 어떻게 조직되어야 하는가?
14. 병원에서 등록을 위해 환자의 신분확인을 할 때 일어날 수 있는 문제점은 어떤 것이 있는가?
15. 환자의 서류를 작성할 때 환자의 이름에 관해서 일어날 수 있는 문제점은 어떤 것이 있는가?
16. 여러분의 나라에서, 환자의 이름은 어떻게 기입되는가?
17. 환자의 신분확인을 위해서 어떤 다른 정보가 기입될 필요가 있는가?
18. 환자의 나이를 확인하는 과정에서 어떤 문제가 발생할 수 있는가?
19. 여러분의 나라에서, 환자의 나이를 결정하려고 할 때 일어날 수 있는 문제점은 무엇이 있는가?
20. 이름이 같은 환자들 사이에 신분을 확인하기 위해서 어머니의 결혼 전 성을 이용하는 이유는 무엇인가?
21. 여러분의 나라에서, 이름이 같은 환자들을 구분하기 위해 어머니의 결혼 전 성을 이용하는 것은 유용한 방법인가?
22. 환자에게 병원등록카드를 발급하는 것은 어떤 장점이 있는가?

23. 병원에서 입원환자의 등록에 관한 절차를 설명해 보라.

24. 병원에서 외래환자의 등록에 관한 절차를 설명해 보라.

25. 병원에서 발견될 수 있는 일반적인 등록에 관한 문제점을 설명하고, 가장 적합한 실무
    적인 해결책을 제시해 보라.

26. 예약시스템의 설치와 유지에 관한 절차를 설명해 보라.

연습 : 조언

연습 15-26

　본 과의 각 연습은 여러분병원의 기존 실무에 관한 검토를 해보고 개별 상황에서 그 실무에 관한 어떤 개선안이 나올 수 있는 지를 조명해 볼 수 있도록 설계되었다. 한 병원의 기록물을 담당하는 직원이라면 자신의 기관내 실무에 관한 현실을 이해하고 있는 것은 특히 중요하다. 어떤 시스템도 이상적인 것은 없다. 그러나 계획되고 조직된 방법만이 효율적인 시스템의 수정을 가져올 수 있을 것이다.

　여기에 제시된 질문에 대한 '정답'은 없다. 여러분이 설명한 여러분 기관의 장점과 단점 그리고 여러분이 제시한 개선안은 여러분 기관의 요구에 따라 다양하게 나타날 것이다. 하지만 여러분은 반드시 본 과의 내용에 따라서 여러분의 답을 검토해 봐야 할 것이며, 여러분의 제안이 기록물관리의 원칙과 실무에 적합한지 아닌지를 알아보는 일은 일단 모듈을 전부 끝낸 후에나 가능할 것이다.

기타 병원기록물의 관리

본 과에서는 아래와 같은 특별한 종류의 병원 기록물의 관리에 관하여 논의할 것이다.

- X-레이, 병리학 표본과 표본준비 및 관련 기록물
- 환자대장(register)
- 약국과 약품 관련 기록물
- 행정 기록물과 정책 자료들
- 재정관련 기록물과 인사관련 기록물
- 간호활동 기록물
- 교육자료

1. X-레이, 병리학 표본과 표본준비 및 관련 기록물

개별 환자에 관한 기록물 중 어떤 특수한 형태의 기록물은 반드시 그의 환자진료기록과는 별도로 저장되어야 한다. 그것은 그런 기록물의 형태가 특이한 경우이기 때문일 수도 있고, 특별한 조건의 저장 환경을 필요로 하기 때문이기도 하다. 이런 기록물의 예로는 X-레이 필름, 병리학 표본과 예비 표본 등이 있다. 이런 특수한 형태의 자료들이 한 환자의 나머지 서류들과 함께 연결되어 있어야 할 뿐만 아니라, X-레이나 다른 진단 테스트 혹은 실험실 자료 등과 같은 개별 기록물들은 그 속에서 분명히 구분되고 확인될 수 있어야 한다.

환자가 외부의 의료 기관에 의해 병원으로 보내졌을 때, 혹은 X-레이나 다른 테스트 결과가 병원내의 다른 부서에서 요청된 경우에는 환자는 언제나 등록된 상태이어야 한다.

X-레이 필름

X-레이 필름은 그 크기와 무게 때문에 뻣뻣한 규격 봉투나 묶음으로 보관되는 것이 이상적이다. 이런 봉투와 봉투가 저장되는 서가의 배열 방법에 대한 자세한 설명은 제4과에서 검토될 것이다.

개별 X-레이를 구분해내는 방법은 몇 가지가 있지만, 가장 쉽고 간단한 방법은 X-레이가 찍힌 날짜와 환자의 이름과 환자번호에 의한 방법이다. 이런 방법은 특히 병원의 규모가 작은 곳에서 더욱 좋다.

다른 방법으로는 각 환자의 X-레이에 고유한 번호를 주는 것이다. 이것은 환자번호의 앞이나 뒷번호를 가지고 문자나 숫자를 조합 시켜 만들 수도 있다. 예를 들면, A/291764, 1/291764의 식이다. 문자의 경우 Z까지 사용되면 두개의 문자를 이어서 사용할 수도 있다. 고유한 X-레이 번호를 사용하는 것의 장점은 더욱 정확한 검색 방법으로 사용될 수 있다는 것이다. 하지만 단점은 고유한 번호를 붙이고 유지하기 위해 업무의 양이 다소 늘어난다는 것이다.

개별 클리닉의 상황에 따라, 한 봉투에 몇 가지 X-레이를 같이 넣어 두는 경우도 있다. 그러나 한 환자의 X-레이는 반드시 하나의 별도의 봉투에 넣어야 한다. 경우에 따라 한 환자의 X-레이가 여러 장인 경우 여러 봉투에 넣을 수는 있지만, 다른 환자의 X-레이를 함께 같은 봉투에 넣어서는 안 될 것이다. 봉투 속에는 X-레이 필름이 날짜별로 혹은 번호순으로 정리되어 최근 것이 가장 앞에 오도록 정리되어 있어야 한다.

아주 습한 기후일 경우, X-레이 필름은 반드시 하나의 봉투에 필름을 한 장씩만 넣어서 필름끼리 서로 붙는 것을 방지해야 한다. 만일 봉투 공급이 충분치 못하다면, X-레이 사이사이에 종이를 한 장씩 끼워서 넣는 것도 좋은 방법이다.

환자번호를 이용하여 특수 형태의 자료를 배열하는 시스템을 사용한다고 하였을 때, 이런 방법의 탁월한 장점은 한 환자의 모든 X-레이를 함께 보관 할 수 있다는 것이다. 경우에 따라서 하나의 봉투에 보관할 수도, 또는 여러 연결된 봉투에 보관할 수도 있다. 그러나 하나의 X-레이 봉투가 꽉 찼고 거기에 부가적인 X-레이를 넣어야 하는 경우, 혹은 병원에 다닌지 오래된 환자가 처음으로 X-레이를 찍어 새 봉투에 넣어서 기존의 봉투들 사이에 넣어야 하는 경우에는 서가배열에 물리적인 문제가 생길 수도 있다. 꽉 찬 X-레이 필름 서가에 새로 공간을 만들어야 한다는 것은 상당히 힘든 문제이다.

이런 이유로, X-레이의 배열을 위한 별개의 연속번호를 사용하는 것이 선호되고 있다. 부가적인 X-레이 필름이 생산되면, 기존에 할당되어 있는 번호의 다음 번호를 붙인다. 이런 번호들은 1번부터 시작할 수도 있고, 혹은 제2과에서 제시된 여러 가지 번호부여방식을 이용할 수도 있다. 다만 X-레이 번호와 환자번호가 서로 분명하도록 보장한다면, 이 두 연속되는 번호 사이의 혼돈의 위험을 없을 것이다.

특수 자료에 고유번호를 붙이는 시스템은 얼마나 많은 환자가 주어진 시간에 X-레이를 찍었는지를 쉽게 알려주고, 정해진 기간에 얼마나 많은 X-레이가 증가했는지, 얼마나 많은 오래된 X-레이를 폐기했는지를 쉽게 보여준다. 하지만 한 환자의 X-레이와 다른 서류들 사이의 적합한 연결을 제공하기 위해서는 부가적인 카드색인 혹은 대장(register)이 마련되어 환자의 X-레이 번호와 환자의 통합파일 번호 사이에 상호참조를 반드시 해야 하는 단점도 있다. 이것은 또한 한 환자의 X-레이를 서류보관 장소와는 다른 장소에서 검색해야 한다는 것을 의미한다.

어떤 시스템이 사용되든지, 환자의 이름과 통합파일번호, 고유의 X-레이 번호와 날짜는 필름의 구분을 위해 매 필름마다 찍혀져 있어야 한다. 이것은 대개 필름의 윗부분에 부가적인 스티커 등을 붙여서 이런 정보를 기입한다. X-레이들은 순서를 잃기 쉽다. 필름들이 적당한 구분 가능한 정보를 갖고 있지 않다면, 제대로 배열하고 저장하는 일은 시간을 매우 소모하는 일이 된다.

똑같은 정보가 X-레이의 봉투 겉면에도 기록되어야 하는데, 봉투에는 또한 신체의 어느 부분의 X-레이가 찍혔는지도 적혀있어야 한다. 만일 필요하다면, 어느 병동 혹은 어느 진료부서에서 X-레이를 요구했는지, 그 요구를 한 담당의사가 누구인지, 봉투에 기입해 놓을 수도 있다. 한 봉투에 여러 장의 X-레이가 보관되는 경우에는, 환자의 이름과 번호는 한번만 기재되어도 괜찮지만, 그 외의 정보는 각 X-레이에 해당되는 모든 정보를 반드시 기입할 필요가 있다. 만일 가능하다면, 봉투에 필요한 정보를 위해 미리 고안된 칸을 마련하여 인쇄하여 사용하는 것도 좋은 방법이다.

만일 X-레이가 날짜순으로 서가에 보관되어 사용되는 것이 아니라면, 색깔있는 스티커를 사용하여 한눈에 최근 연도에 찍은 X-레이를 쉽게 구분할 수 있게 할 수도 있다.(제2과를 참조하라) 그렇게 하면 수년간 사용되지 않은 봉투는 쉽게 찾아내어 폐기 처분을 할 수 있다.

X-레이 요청 및 촬영 보고서

환자가 외부의 의료 기관에 의해 병원으로 보내져 온 경우, 혹은 X-레이나 어떤 테스트를 병원내의 다른 부서에서 요청한 경우에는 X-레이를 찍기 전에 환자는 이미 반드시 등록된 상태이어야 한다.

X-레이 요청은 일정한 양식에 의해서 이루어진다. 이 양식에는 반드시 환자의 이름과 통합파일번호, 요청일과 요청한 부서, 의사의 서명을 위한 칸이 들어 있어야 한다.

X-레이 요청의 접수를 기록하는 일지 혹은 대장은 반드시 갖추어져 있어야 하고, 만일 가능하다면 다음 X-레이 번호를 미리 요청서에 적어 두는 것이 좋다. X-레이 필름의 생산과 점검 이후에, 대개 방사선의사는 자신의 의견을 요청 양식에 적는다. 그러면 그 양식 자체가 의사의 보고서로도 사용되는 것이다.

X-레이에 관한 보고서는 2부가 필요하고, 2부 모두 서명되어 있어야 한다. 한 부는 방사선과에 보관되어 필요할 때마다 검색되어야 하고, 한 부는 요청한 의사에게 보내져야 한다. 이 두 번째 보고서는 의사의 필요가 끝나게 되면, 환자 파일에 첨부된다. 이 때문에, 양식이 그 자체로 복사가 가능한 종이로 만들어져 있는 것이 선호되기도 한다. 양식 자체를 그런 종이로 만드는 것이 어렵다면, 먹지 혹은 복사기를 이용하여 2부를 만드는 것도 가능할 것이다. 만일 먹지나 복사기를 이용하는 경우라면, 방사선의사는 반드시 두 장의 용지에 모두 서명을 하여 나중에 다시 검토될 때 그것이 정확한 원본이라는 것을 증명할 수 있어야 한다.

방사선 의사용 보고서가 X-레이 필름과 함께 보관된다면 그 보고서는 필름 봉투와는 별도로 파일폴더에 넣어서 보관되어야 하는데, 만일 그렇게 관리하지 못하게 될 상황이라면, 봉투 내에 넣어도 구겨지거나 손상되지 않도록 작고 얇아야 한다. 바람직한 정리방법은 보고서는 따로 폴더에 넣어서 X-레이번호와 환자번호 혹은 환자 이름의 알파벳순에 따라 배열하는 것이다.

2. 병리학 표본과 표본준비 및 관련 기록물

　　실험실의 테스트 결과 혹은 진료실에서의 기술적인 검사를 통해서 작성되는 진단보고서(diagnostic report)는 환자 기록물의 핵심적인 부분이다. X-레이와 마찬가지로, 여러 가지 특수한 테스트는 의사가 정해진 양식을 이용해 요청하면, 병리과나 병리학 연구실로 보내져서 접수된다. 병리과는 이런 요청을 잘 관리할 수 있는 고유한 번호부여방식이 필요할 것이다. 만일 가능하다면, 혈액검사, 조직검사, 혹은 세균검사 같은 검사의 요청을 위해 개별검사마다 별도의 연속번호를 사용할 수도 있다. 반드시 그래야 하는 것은 아니지만, 각 양식의 색깔을 달리하여 사용하는 것도, 검사의 종류를 쉽게 구분하게 하는 좋은 방법이기도 하다.

　　어떤 병리과는 그 부서가 속해 있는 병원의 업무만을 하는 것이 아니라, 다른 병원이나 다른 보건기관을 위해서 일하는 경우도 있다. 이런 경우에는 각기 다른 병원에서 사용하는 환자번호는 겹쳐질 수도 있다. 그러므로 그 부서내의 고유번호를 기초로 하여 이용하여야 한다.

　　이런 병리과 테스트의 요청은 고유한 확인번호를 부여받아서 이루어져야 한다. 일지 혹은 장부는 매 요청의 상세한 내용을 참고하는데 이용된다. 왜냐하면 일지, 장부가 어떻게 요청이 들어왔고, 어떻게 요청서 양식에 적힌 번호가 부여되었는지 보여주기 때문이다. 모든 표본과 그 준비과정은 또한 분명히 이름표가 붙어서 분류되어야 한다. 이런 자료들은 고유번호, 환자의 이름 및 번호, 그리고 만일 필요하다면 병원의 이름이나 그 검사를 요청한 의사의 이름에 의해 확인되고 구분될 수 있다.

　　표본은 짧은 기간동안만 보관되고 검사보고서의 승인이 끝나고 요청한 의사가 그 보고서를 확인하면 대개 제거된다. 파라핀 왁스를 표본에 투입하여 파라핀 블럭으로 만들어진 표본은 훨씬 더 긴 시간동안 보관이 가능 할 수도 있다. 보관중인 표본을 유리 슬라이드 위에 안치하고 착색하여 검사를 한다. 만일 표본의 크기가 크다면, 파라핀 블럭과 착색시킨 유리 슬라이드에 관한 색인을 만들어 보관위치를 적어야 한다. 그래야 나중에 다시 검색 이용이 가능하다.

　X-레이와 마찬가지로, 병리검사 보고서는 종종 요청서 양식에 덧붙여진다. 마찬가지로, 이 보고서도 두 개가 준비되어야 한다. 한 부는 이 검사를 요청한 의사에게 보내지고, 다른 한 부는 병리과에 남게 된다.

　이 보고서는 환자의 이름과 번호, 병리과의 고유번호, 그리고 날짜에 의해서 확인 가능하다. 이런 세부 정보는 보고서가 필요할 때마다 실제 표본과 가공된 표본을 직접 연결하여 함께 이용할 수 있게 하는 중요한 수단이다. 궁극적으로 환자의 파일에 첨부될 의사용 사본에는 반드시 환자의 번호가 적혀 있어서 그 보고서가 제 파일에 위치하고 있는지 쉽게 확인할 수 있어야 하고, 날짜가 적혀 있어서 파일 안에서 제대로 된 순서로 배열되어 있는지 쉽게 확인할 수 있어야 한다. 이는 의사용 보고서가 제대로 환자의 파일에 끼워 질 수 있도록 보장하는 확실하고 체계적인 절차이다. 이런 절차 없이는 같은 검사를 되풀이해야 하는 상황이 생길 수도 있다. 자료들의 정확한 날짜순 파일링은 하나의 질병에 대해 여러 번의 검사가 있었을 경우 매우 중요하다. 병리과에서 보존하는 보고서는 병리과의 고유번호순 혹은 환자 이름의 알파벳순으로 정리해도 된다.

표본은 일반적으로 짧은 시간동안만 보존되므로,
검사보고서가 만들어지고 요청한 의사가 그 보고서를 승인하게
되면 대개 제거된다.

[연습 28]

　제1과의 연습5번을 다시 한번 검토해 보라. 본 과에서 제시된 정보를 깊게 연구하여 표본 및 가공된 표본 관리를 개선하기 위해 취할 수 있는 방법을 두 가지 제시해 보라. 본 모듈에서 연구된 내용을 총괄하여 이를 바탕으로 부가적인 개선안을 최소한 두 가지 제시해 보라.

3. 환자대장(Patient Registers)

　　X-레이와 병리과에서의 업무를 원활하게 하기 위해 유지하는 병원일지나 대장은 병원의 각 부서마다 생산되는 전형적인 환자 관련 대장들이다. 특히, 그런 대장들은 책자형태나 가제식형태로 유지되는데, 개별 환자에 대한 정보는 줄로 나누어 구분하고, 환자정보 및 환자의 진단, 치료, 치유과정에 관한 세부사항들은 적절히 칸으로 나누어 기록한다.

　　예를 들어 수술실 대장은 환자의 신상정보, 날짜, 수술시간, 수술의 특징, 수술의사의 이름과 마취의사의 이름, 사용된 마취제 이름 등을 수록한다. 영안실 대장은 환자에 관한 정보, 영안실로 시체가 옮겨진 날짜 등 그곳에서 필요한 정보를 수록한다.

　　일단 이런 대장들이 작성되고 나면, 이를 저장하고 검색할 수 있는 시스템이 있어야 한다. 예를 들어 병동대장이 다 채워지면, 이 대장은 기록물관련 부서로 보내지고, 여기서 병동별로, 병동 내에서는 날짜 별로 정리되어 보존된다.

　　환자의 입원과 퇴원, 출생과 사망과 관련한 대장의 작성은 병원마다 매우 다양하다. 어떤 병원은 중앙 집중식으로 이런 기록을 유지하고, 어떤 병원에서는 개별 병동 혹은 진료부서별로 별도의 대장으로 이를 유지하기도 한다. 어떤 곳은 중앙집중적인 방식과 분산적인 방법을 절충한 이중적인 시스템으로 운용한다. 입원, 퇴원, 출생, 사망 등에 관한 모든 기록은 모두 같은 등록대장에 기록되고, 이들 카테고리의 한두 가지 이상의 사항에 대해 별도로 일지를 작성하는 등의 방식이다.

　　대장은 일반적으로 환자의 입원일 등의 날짜 정보를 가지고 연대순으로 배열된다. 그러나 환자 이름에 의한 알파벳순 배열도 가능하다. 이런 경우 일반적으로 엄격하게 알파벳순으로 정리되지는 않는다. 그보다는 대장이 두 부분으로 나뉘어져, 먼저 알파벳이 순서대로 나뉘고, 하나의 알파벳 아래에 날짜순으로 각 항목을 작성할 수 있게 되어 있다. 이런 대장은 환자가 도착하면 새 항목을 만들어 사용할 수 있는 것은 물론, 직원이 환자 이름만을 아는 경우, 쉽게 검색할 수 있다. 반대로 날짜순으로 먼저 구분해두고, 그 아래서 알파벳순으로 각 항목을 작성하는 방법도 있다.

　　어떤 병원은 여러 가지 정보를 다양하게 수록하는 복잡한 대장보다는 몇 개 정보만을 수록하여 간단하게 작성되는 대장을 사용한다. 하지만 특히 입원, 퇴원, 출생, 사망 등의 경우는 모든 기록을 다 유지하지 못한다면, 환자나 그 가족들뿐만 아니라 한 환자의 지난 병에 관한 정보를 찾는 병원의 입장에서도 심각한 결과를 초래할 수 있다. 따라서 대장 작성이 끝나면, 이를 저장하고 검색하는 신뢰할 만한 시스템을 마련하는 것이 매우 중요하다. 하나의 예로 일단 병동대장이 완료되면, 가능한 한 빨리 기록물관련 부서로 보내는 것이 중요하다.

한편으로는, 어떤 병원에서는 모든 가능한 정보를 다 수록할 수 있는 종류의 대장을 특별한 항목의 제한 없이 작성하기도 하는데, 만일 하나의 대장에 너무 많은 정보를 기입하고자 한다면, 같은 정보를 다른 파일, 다른 대장에 반복해서 기록해야 하는 경우가 생기며, 따라서 직원은 너무 많은 시간을 여기에 소모하게 된다. 그러나 경우에 따라서는 운영상 어쩔 수 없이 한 부서의 여러 곳에서 각각 분리된 대장을 유지해야만 하는 때도 있다. 이런 상황에서는, 종이 기반 시스템인 경우 여러 대장에 같은 내용을 어느 정도 반복해서 기입하는 일은 아마도 불가피 할 것이다. 서로 다른 대장들을 효율적으로 연결할 수 있는 좋은 방법은 환자 번호를 유일한 대장 검색 방법으로 삼는 것이다. 최근 몇몇 병원에서는 수작업 대장 작성 업무의 일부 혹은 전체를 자동화 시스템으로 바꾸어 가고 있다.

> *대장류는 일반적으로 환자가 방문한 날짜나 그 외 여러 가지 사항이 기록된 날짜를 이용하여 연대순으로 정리된다.*

등록의 자동화 시스템은 제4과에서 논의하기로 한다.

[연습 29]

제1과의 연습6을 다시 한번 검토해 보라. 본 과에서 제시된 정보를 깊게 연구하여 환자 관련 대장과 관련 색인 관리의 개선을 위해 취할 수 있는 방법을 두 가지 제시해 보라. 본 모듈에서 연구된 내용을 총괄하여 이를 바탕으로 부가적인 개선안을 최소한 두 가지 제시하라.

---

4. 약국과 약품 관련 기록물

약은 병원에서 매우 귀중한 물품이다. 약 처방과 조제, 행정적인 처리 등에 대한 실수가 있는 경우, 혹은 약의 오용 및 분실의 경우, 그 원인을 찾아가기 위해서는 약에 관한 포괄적인 기록물관리가 매우 중요하다. 또 약관련 법적 분쟁에 관한 모든 기록은 반드시 보존되어야 한다.

약의 비축을 위한 주문서 사본 및 배달 관련 기록들은 반드시 필요한 기간동안 보관되어야 한다. 주문은 회계담당 부서에서 지불이 승인됨과 동시에 시작된다. 필요한 약들이 병원에 도착되는 순간부터, 약을 담당했던 모든 부서의 모든 서류들은 반드시 보관되어야 한다. 예를 들어, 약 공급자로부터 병원의 약국까지, 병원의 약국에서 병동 혹은 해당 진료부서까지, 혹은 환자에게 약이 보내지기까지 생산되는 모든 서류는 보존되어야 한다. 이런 기록물들은 비축품 관리 및 감사 과정의 일부로서 정규적으로 비교 점검되어야 한다.

약국은 외래환자가 의사로부터 받은 처방전을 제출하고 처방된 약을 구매하는 분배 창구이다. 게다가, 병동 직원들은 비축할 필요가 있는 약을 약국에 요청하고, 환자에게 투여할 약들을 요청한다. 약국에서는 병동과 진료부서에서의 약 요청이 온당한 승인을 받고 이루어진 것인지, 분명히 확인할 필요가 있다. 이를 위해 약 요청은 정해진 시간만큼 보류될 수도 있다.

어떠한 경우든, 모든 발신, 발행, 수신, 분배된 문서들은 약의 준비, 점검, 분배를 책임진 직원에 대한 정보와 함께 반드시 유지되어야 하며, 그래야만 이 과정의 각 단계가 올바르게 문서화되어 문제가 생길 경우 그 원인을 추적해 볼 수 있다. 약국은 특히 일회성 처방에 관한 문서도 모두 보존하여야 하고, 이런 문서가 환자에 관한 정보, 개별 약품의 성분에 관한 정보, 그 성분에 관한 일괄번호 등의 정보를 모두 가지고 있는지 확인해서 모든 약품이 역추적 될 수 있어야 한다.

모든 약국 기록물은 정해진 법률 및 규정에 의해 정해진 양식을 따라서 작성되어야 하는데, 특히 위험하거나 통제를 요하는 약품의 경우는 더욱 그러하다. 예를 들어, 정부는 특별히 정해진 양식을 가진 대장을 사용하도록 법으로 규정하고 있다. 병동에서는 통제를 요하는 약품 대장에는 입원환자에게 투여할 약의 종류와 양, 누구의 지시에 의해서 투약되는지 등 모든 상세한 정보를 모두 기록하고 있어야 한다.

약의 남용을 방지하고 적합한 정보를 필요로 하는 곳에 제공하기 위해서, 일반적으로 병원 내에서는 약의 움직임을 상세히 기록하고 있는 문서의 사본을 여러 부 만들어 보존한다. 한 부는 그 문서를 발행한 사람이 보관하고, 다른 한 부는 수신자가 보관한다. 약 재고품의 처리도 마찬가지로 매 단계마다 기록되어 문서화된다. 마지막 단계에서 수신자가 개별 환자일 경우, 해당 기록물이 반드시 그의 환자파일에 첨부되어야 한다.

예를 들면, 병동에서 비축되어 있지 않은 약을 약국에 신청하려면 다음의 절차를 따른다. 각 병동에서는 한 권의 책을 유지하는데, 이 책에는 매 페이지마다 미리 인쇄된 빈 양식들로 구성되어 있다. 약의 신청은 이 양식을 2부 작성하는 것으로 시작된다. 한 부는 책 속에 그대로 보관하고, 나머지 한 부는 떼어서 의사의 서명이 있는 처방전 2부와 함께 약국으로 보낸다.

이 양식을 여러 부 작성하기 위해서는 자체로 복사 가능한 종이를 사용하는 것이 가장 좋다. 그러나 먹지를 이용하는 것도 하나의 저렴한 방법이다. 신청서 양식의 사본 한 부와 처방전 한 부는 이제 약국에 남는다. 그리고 처방전의 나머지 한 부와 처방된 약은 병동으로 보내진다. 어떤 병원에서는 처방전은 한 부만으로도 충분하다고 생각할 수도 있다. 약사가 약 요청서와 처방전을 비교해 본 후 조제를 한다면 약국에는 적당한 약사의 의견이 적혀있는 요청서 한 부만 보관되어도 좋다는 생각이다.

이런 종류의 기록물을 쉽게 검색하고 쉽게 제거하기 위해서, 약국은 기록물을 병동의 이름에 따른 알파벳순으로 배열한 뒤 날짜순으로 배열한다. 약국에서 분배된 약품에 관한 기록물을 날짜순으로 보존하면, 그날 약국에서 이루어진 모든 약의 출납에 관한 기록이 날짜별로 정리될 수 있다.

약국에서 보존하거나 병동이나 다른 부서에서 보존하고 있는 모든 약 관련 기록물은 필요하게 될 경우를 대비하여 정해진 기간동안 보존되어야 한다. 실제로 실무에서는 이런 기록물을 검색해 보는 일이 예상보다 적을 수 있다. 따라서 이런 기록물들은 적당한 기간이 지나면 준현용 기록물 서고로 보내도 된다.

> *모든 약 관련 기록물은 필요로 하게 될 경우에 대비하여*
> *정해진 기간까지 반드시 보존하여야 한다.*

기록물의 평가와 폐기에 관한 자세한 논의는 제4과와 본 모듈 프로그램의 『기록물 평가 시스템(Building Records Appraisal Systems)』을 보라.

[연습 30]

제1과의 연습7을 다시 한번 검토해 보라. 본 과에서 제시된 정보를 깊게 연구하여 약국의 관리와 약 관련 기록물관리의 개선을 위해 취할 수 있는 방법을 두 가지 제시해 보라. 본 모듈에서 연구된 내용을 총괄하여 이를 바탕으로 부가적인 개선안을 최소한 두 가지 제시하라.

행정 기록물 및 정책 자료들

회의록, 보고서, 서신 및 제안문서들의 관리는 본 모듈 프로그램 중 다른 모듈에서 이미 논의되었다. 그러나 다른 모듈에서 논의한 원칙과 실무는 병원의 행정적인 기록물에 적용하기에는 너무 광범위할 수도 있다. 보통 병원의 행정 기록물 파일링시스템은 정부의 중앙부처에서 사용하는 시스템보다 훨씬 작은 규모의 시스템이라고 생각하면 될 것이다.

행정적 기록물과 정책 자료의 관리에 관한 정보는 『현용기록: 생산과 통제(Organizing and Controlling Current Records)』를 참조하라.

병원에서 사용하는 파일의 제목, 분류표 및 코드표는 보통의 관청에서 사용하는 것과 같은 것으로 다만 그 규모면에서 훨씬 간단할 뿐이지만, 병원 행정에서는 일반 관청에서와 같이 각 문서를 반드시 정해진 절차에 의해 등록하는 일은 많지 않다.

행정적 기록물의 관리는 본 모듈 프로그램 중 다른 모듈에서 이미 개괄적으로 논의된 절차를 따르면 된다.

[연습 31]

제1과의 연습8번을 다시 한번 검토해 보라. 본 과에서 제시된 정보를 깊게 연구하여 병원의 행정 기록물관리의 개선을 위해 취할 수 있는 방법을 두 가지 제시해 보라. 본 모듈에서 연구된 내용을 총괄하여 이를 바탕으로 부가적인 개선안을 최소한 두 가지 제시하라.

재정관련 기록물과 인사관련 기록물

다른 기관과 마찬가지로 병원은 재정관련 기록물을 생산해 낸다. 이런 기록물들은 대개 종이에 의해 생산되는 체제이며, 송장, 배달확인서, 주문서, 영수증 등의 지원문서와 함께 회계원장 및 금전출납부와 같은 회계관련 문서들로 구성된다. 병원은 대개 수입과 지출의 추정액을 산출해내야 하며, 연간 회계보고서를 작성하고 내부 및 외부의 감사에 대비하여 신뢰성을 확보할 목적으로 모든 재정에 관한 거래내역을 기록하여야 한다.

재정관련 기록물의 관리에 관한 지침은『재무기록관리(Managing Financial Records)』를 참조하라.

병원은 직원들의 기능에 관한 모든 책임을 가지고 있으므로, 현직 혹은 전직 직원들에 관한 모든 파일을 보존해야만 한다. 병원 내의 직종 및 직급은 행정, 의료, 및 간호직 등 매우 다양하다. 따라서 각 직종의 직원을 채용할 때 채용, 직원 구조, 급여표 등등에 관한 모든 개별적인 자료를 보존할 필요가 있다. 일부 병원에서는 또 개별 직원에 관한 상세자료를 색인카드, 대장, 마이크로필름 혹은 피쉬, 전자 데이터베이스 등에 수록하기도 한다.

인사관련 기록물의 관리의 지침은『인사기록관리(Managing Personnel Records)』를 참조하라.

재정관련 및 인사관련 기록물은 반드시 본 교육 프로그램 중 다른 모듈에서 설명된 원칙과 실무에 따라 관리되어야 한다.

[연습 32]

만일 제1과의 연습 8에서 재정관련 및 인사관련 기록물에 관해 검토하지 않았다면, 반드시 여러분의 기관에서 이런 기록물들이 어떻게 관리되는지에 관해 시간을 내어 조사해 보라. 병원의 인사 및 재정관련 기록물관리를 어떻게 개선할 수 있을지 두 가지 대안을 제시해 보라.

5. 간호활동 기록물

전통적인 영구모델을 따르고 있는 나라에서는 병동의 간호활동에 관한 주 기록물은 책자 형태의 '주/야 간호보고서'에 날짜순으로 정리하는 것이 보통이다. 그런 보고서들은 간호사가 새 환자의 입원이나 다른 병원에서 옮겨 온 환자에 관한 기록, 병동의 환자들에 관한 문제 혹은 회복의 진전 등에 관한 것 등을 기록하는데 사용한다. 그런 보고서는 보고서 형식이 고정되어 있고 융통성이 없는 관계로 영국에서 이제는 거의 사용하지 않고 있는 현실이지만, 많은 다른 나라에서는 아직도 사용되고 있다. 수석 간호사(간호부장)가 책자 형태로 된 보고서를 이용하여 병동 활동에 관한 기록물을 검토해야 하는 병원에서는 아직도 이런 책자형태가 사용되고 있을 수 있으나, 그 밖의 다른 곳에서는 다른 형태의 보고서가 더욱 선호되고 있는 듯하다.

의사들이 환자의 기록을 위해 더 이상 책자형식의 환자진료기록을 사용하고 있지 않고 이제는 주로 파일을 사용하듯이, 간호사들도 한 환자마다 각기 물리적으로 분리된 기록물을 생산해 내는 시스템을 점점 더 많이 선호하고 있다. 많은 병원에서 그런 시스템은 간호카드 색인의 형식을 취한다.(종종 그 카드의 생산업체의 이름에 따라 '카덱스(Kardex)'라고 알려져 있다). 그 카드색인에서 하나의 카드는 병동의 한 환자에 관한 정보를 수록하고 있다. 그 카드들은 환자 회복에 관한 진전정도, 환자의 알레르기, 필수 식이요법, 및 투약 섭생법 등을 기입하는데 사용된다. 환자 간호계획(Nursing care plan)을 사용하는 나라에서도 이런 기록들을 위해 카드색인을 만들 수도 있다. 간호활동의 목적으로 환자들은 이름이나 환자의 침대 위치 번호에 의해서 신원확인이 된다. 환자의 다른 기록물들과의 분명한 연결을 위해서 각 환자는 반드시 그의 통합된 환자관리 번호를 사용해 환자를 구별해야만 한다.

어떤 나라에서는 '간호보고서(Nursing reports)'와 '회복진전기록(progress notes)'을 환자의 환자진료기록 파일에 철해 두기도 한다. 이러한 방법은 병원에서 간호사가 입원 중의 환자에게 접근하여 간호 진단(Nursing Diagnosis)과 간호계획(Care plan)을 세울 수 있도록 하기 위해 주로 사용하는 방법이다. 이런 종류의 기록은 이야기체로 기록되거나 혹은 조직화된 순서도를 따르기도 한다. 두 경우 모두 미리 인쇄된 양식을 사용해야만 한다. 환자가 퇴원할 때 '카덱스(Kardex)'를 환자 파일에 철하는 것은, 비록 파일 내에 문서의 완결성을 위해서 그렇게 하도록 고려되고는 있지만, 일반적으로 행해지는 실무는 아니다.

이런 모든 시스템에서 가장 큰 어려움은 병동이 매우 바쁠 때, 간호사들이 환자의 기록물을 계속 갱신해야 할 필요가 있을 경우에 생긴다. 카덱스는 쉽게 들고 다닐 수 있는 성질이 아니며, 간호사가 끊임없이 병동을 이동하는 동안, 그것은 중앙 업무처에 보존되어야 한다. 많은 간호사들이 자신의 업무를 수행하면서 빠르고 임시적인 문서를 만들어 대강의 작업계 획표를 사용하는데, 이것은 어떤 활동의 증거가 되는 서류를 간과하게 될 위험이 있다.

　　전형적으로, 공식적인 간호 기록은 사건 이후에 작업계획표상의 내용을 복사하거나 기억 에 의존하여 작성하게 된다.

　　기록물담당 직원은 반드시 간호사들에게 좋은 업무의 예를 권장하고, 환자의 기록물들을 신속 히 그리고 철저하게 관리하도록 격려해야하며, 공식적인 기록의 정확성을 보장하기 위하여 대강 적은 노트로부터 만들어진 기록물의 사본을 모두 꼼꼼하게 점검하여야 한다. 마지막 교대시 대 강 적었던 기록들을 폐기하는 일이나, 일이 끝난 후 기억에 의존하여 기록을 남기는 일은 권장되 어서는 안 된다.

몇몇 나라에서는 일반벅으로 간호보고서와 회복진전기록을
환자파일에 철해둔다.

[연습 33]

　　제1과의 연습9를 다시 한번 돌아보고, 어떻게 간호관련 기록물의 관리를 개선시킬 수 있는지 2가지의 대안을 제시해 보고, 본 모듈을 통해 얻은 정보에 기초하여 또 다른 두 가지의 개선안을 첨부하라.

6. 교육 기록물

　　본 모듈은 의과대학과 간호대학에서의 기록물관리에 관한 전반적인 지침을 제시하려고 의도하지 않았다. 학교의 행정적인 기록물은 병원의 중앙행정에 관한 기록물에 적용되는 원칙들을 똑같이 적용시켜 관리할 수 있다. 개인 학생들과 관련된 기록물은 본 모듈 프로그 램의 다른 모듈에서 논의된 인사관련 기록물과 같은 특징을 갖기 때문에 그러한 모듈을 참 조해 볼 수 있을 것이다.

[연습 34]

　제1장의 연습 10을 다시 한번 돌아보고, 본 과에서 제시된 정보를 고려하여 어떻게 교육자료의 관리를 개선할 수 있을 지에 관한 개선안을 두 가지 제시해 보고, 본 모듈 전체를 꼼꼼하게 점검하여 얻어진 정보를 가지고 최소한 다른 두 가지의 개선안을 첨부해 보라.

요약

  본 과에서는 X-레이, 병리학 표본 및 그 가공, 환자대장, 간호활동 기록물 및 의약 관련 기록물 등 병원의 독특한 형태의 기록물관리에 관해 조사하여 보았다. 또한 병원의 행정적인 기록물 및 정책자료, 재정 혹은 인사관련 기록물 그리고 교육자료에 관한 기본적인 원칙을 소개하고 독자들에게 이런 특수한 주제에 관한 더욱 자세한 정보를 위해 본 모듈 프로그램의 다른 모듈로 안내해 주고 있다.

학습문제

1. 왜 X-레이, 병리학 표본 및 그 예비표본들은 환자파일과 분리되어 따로 보존되어야 하는가?
2. 어떻게 하면 X-레이가 가장 잘 보존될 수 있는가?
3. 어떻게 하면 X-레이가 가장 잘 구분될 수 있는가?
4. X-레이 봉투에는 무슨 정보가 수록되어야 하는가?
5. 어떤 외부적인 조건에서 많은 양의 X-레이가 하나의 봉투에 보존되어서는 안되는가?
6. X-레이 보고서를 준비하는 절차를 설명해 보라.
7. X-레이 보고서는 어떻게 작성되는가?
8. 표본은 보통 얼마나 보존되는가?
9. 병원에서 생산될 수 있는 대장의 종류를 설명해 보라.
10. 병원에서 생산될 수 있는 재정관련 기록물의 종류를 설명해 보라.
11. 병원에서 생산될 수 있는 인사관련 기록물의 종류를 설명해 보라.
12. 책자형태의 간호보고서의 목적은 무엇인가?
13. 책자형태의 간호보고서를 사용하는 장점과 단점은 무엇인가?
14. 간호기록을 위한 '카덱스(Kardex)' 시스템을 사용할 때, 그 장점과 단점은 무엇인가?
15. 약국과 약 관련 기록물을 관리함에 있어서 왜 포괄적인 기록물관리 절차가 중요한가?
16. 어떤 약품 절차가 기록물을 통해서 기록으로 남겨져야 하는가?

연습: 조언

연습 27-34

본 연습들은 여러분 기관에 적합한 기록물관리를 개선할 수 있는 방법을 고려해 볼 수 있도록 고안된 것이다. 문제들에 대한 '정답'은 없지만, 여러분이 기록물관리 개선을 위해 발전시킨 개선안들은 반드시 본 모듈 프로그램에 나타난 원칙과 연습을 알맞게 적용하여 도출되어야 한다. 여러분의 개선안이 가치 있는지를 평가하기 위해서는 본 모듈을 한번 꼼꼼히 검토한 뒤 본 모듈 프로그램의 다른 모듈들과의 관련성 속에서 다시 점검해봐야 한다.

기록물의 평가, 보존 및 접근에 관한 문제

본 과는 병원 기록물의 평가, 기록물의 물리적인 보존에 관한 논의를 포함하여 현용과 준현용 기록물의 관리, 기록물 이용과 반납 등에 관한 통제를 검토할 것이다. 이러한 논의가 이루어진 후, 본 과는 더 이상 필요 없는 기록물의 폐기 및 기록관리기관으로의 이관에 대해서 살펴볼 것이다. 또한 병원 기록물과 관련하여 접근에 관한 문제를 전망해 보고, 병원에서 기록물관리를 위한 컴퓨터의 사용과 전자 병원기록물의 관리에 관한 논의로 결론 맺을 것이다.

1. 병원 기록물의 평가

기록물이 라이프사이클(a life cycle)을 가진다는 개념과 그 관리가 관리의 연속성(continuum of care)의 일부이어야 한다는 개념은 중앙 정부에서와 같이 병원에서도 똑같이 적용된다. 병원 기록물을 효율적으로 관리하기 위하여, 기록물들은 평가되고 규정에 따라 보존되거나 폐기된다. 본 과의 정보는 모듈 『기록물 평가시스템(Building Records Appraisal Systems)』에서 논의된 원칙들을 병원의 문맥에 맞게 적용한 것이다.

> 다른 조직기관의 기록물과 같이, 병원 기록물은
> '라이프 사이클(*a life cycle*)'을 가지며,
> '관리의 연속성(*continuum of care*)'의 일부로서 관리되어야 한다.

대부분의 병원 기록물은 기록물 보존기간표에 따라 적절히 다루어진다. 대부분의 경우 그 일정표는 정기적으로 기록물을 폐기하도록 승인하거나, 기록물의 정규적인 이용이 끝나고 어느 정도의 정해진 기간이 지나면 기록물 전부 혹은 일부를 기록관리기관으로 이관하도

록 규정하고 있다.

　일부 나라에서는, 병원 기록물의 관리를 위해 국가차원으로 승인된 보존기간표를 법률로 명문화하거나 기록관리기관에 의해 강요하는 형식으로 유지하기도 한다. 어떤 나라에서는 아무런 국가적인 규정이 없는 경우도 있을 것이다. 아래 내용은 병원에서 자체적인 이용을 위해 지역적인 일정표를 만들어서 사용해야하는 병원 기록물 관리자에게 지침을 제공하기 위해 의도되었다. 또한 기록관리기관이 국가적인 병원기록물 보존기간표를 만들고자 할 경우 도움이 될 수 있을 것이다.

보존기간 결정

> *환자진료기록 파일 및 다른 진료기록물의 보존기간은 법률,*
> *의료, 행정, 감사 및 연구를 위한 조건들을 모두 고려하여*
> *결정되어야 한다.*

　영국의 실무와 법률에 비추어 볼 때, 모든 종류의 병원 기록물에 관한 보존 기간을 결정하는 데에 유용한 지침은 영국 국립보건부(the UK National Health Service Executive)에서 준비한 보건 서비스 회람 HSC 1999/053(Health Service Circular HSC 1999/053)에 제시되어 있다. 이에 관한 더 자세한 사항 및 다른 출판물은 제5과의 기타 자료를 참고하도록 하자.

　병원기록물에 대해 기록물보존기간을 결정하는 특정한 법률이 없는 나라에서도 보존기간의 결정은 법적인 조건에 적합해야 한다. 특히, 환자진료기록 파일과 기타 진료관련 기록들은 그 국가에서 시행중인 제소기간법에서 규정한 의료행위의 태만에 관한 소송의 기간이 만료될 때까지 보존되어야 한다. 그런 소송은 많은 개발도상국가에서는 아직 드물긴 하지만, 그래도 미래에도 여전히 그럴 것이라고 하는 것은 어리석은 생각이다. 제소기간법이 기록물을 어느 명시된 시기까지 보존해야 한다는 것을 직접적으로 요구하는 것은 아니지만, 병원이 태만에 대한 소송이 정하는 기간을 병원 기록물의 최소한의 보존기간으로 정하고 필요할 때마다 법적으로 병원을 보호할 수 있는 방법을 확보하는 것은 현명한 일이다.

　많은 영연방 국가들의 법률은 영국의 법률에 기초하고 있다. 영국의 법률은 법률적인 행위를 가져오게 된 사고를 알게 된 시점으로부터 6년간을 보존 기간으로 정하고, 어린이와 정신적인 질병은 보존기간을 더 길게 정한다. 6년 보존기간을 적용하고 있는 국가에서는, 6년간 활용하지 않은 환자의 기록물은 폐기를 고려해 볼 수 있다. 그러나 영국에서도 모든 환자 기록물은 최소한 8년 동안 보존되고 있다. 제2과에서 추천된 파일 커버의 정해진 칸의 활용은 환자가 정해진 연도동안 병원에 오지 않았음을 보여주는 간단한 수단을 제공한다.

의사들은 일부 혹은 전체 환자의 정보기록 파일들이 앞서 언급된 최소한의 기간보다 더 오래 보존되어야 한다고 주장한다. 이는 그 환자가 다시 병원을 찾는 경우 의료적인 참조를 위해 필요하기 때문이다. 어떤 의사들은 그 환자가 사망한 것으로 알려질 때까지 모든 기록물을 보존하기를 원하기도 한다. 서고용량을 고려했을 때 모든 기록물을 보관할 수 있는 공간적 비용적 자원을 가지고 있는 병원 기록물 서비스는 드물다. 병원에서 모든 기록물을 종이의 형태 그대로 그 긴 기간동안 보존하려는 시도를 한다면, 그 자체가 현명한 일은 아닐 것이다.

적절한 과학기술이 가능한 나라에서는, 서고의 공간이 부족해지고 비교적 사용하지 않는 기록물들이지만 이후의 의료적인 이유로 보존할 필요가 있는 경우, 환자진료기록을 종이형태에서 마이크로필름, 피쉬 혹은 광디스크로 전환하기도 한다. 기록물을 하나의 형태에서 다른 하나의 형태로 전환할 때, 새로운 형태의 기록물이 여전히 접근가능하고 안전하며 법률적으로 완전한 증빙자료로 사용되도록 보장해주는 품질관리(quality control)는 필수적이다. 마이크로필름과 광디스크 시스템을 컴퓨터에 저장된 총괄색인이랑 연결시켜 놓는 것도 가능한 방법이다.

이런 접근은 전환된 파일이 알맞게 사용될 것으로 예상되며 신속한 검색이 필요한 상황에서 고려될 수 있다. 해당 지역에서 이용가능한 자원을 충분히 이용하면서 시스템이 적절히 유지되는 것이 보장될 때에 이런 시스템의 도입을 고려할 수 있다. 광디스크에 저장된 기록물이 필요한 만큼 오랜 기간동안 저장될 수 있고 또 접근이 가능하다고 분명히 보장되지 않는다면, 이런 매체에 보존하는 것을 시도해서는 안 된다.

> *매체 전환에 관한 더 자세한 정보는『현용기록: 생산과 관리 (Organizing and Controlling Current Records)』 및『기록물 보존(and Preserving Records)』을 참조하라.*

만일 매체전환이 승인될 수 없거나 금전적인 지원을 받을 수 없는 경우라면, 수십 년간 활용되지 않아 왔던 종이 원본 기록물이 잠재적인 이용가능성이 있다고 해서 그것을 폐기하지 않는다는 것은, 그 기록물들을 모두 보존하는데 필요한 비용에 비추어 봤을 때 쉽게 정당화되지는 않는다. 특히, 비용 및 인적 자원이 부족한 나라에서는 잘 조직된 보존기간 결정규정이 승인되어 시행되어야 할 것이다.

　더욱 확실한 방법은 특정한 진단들에 대해서 더 길거나 혹은 더 짧은 보존기간을 적용할 수 있도록, 그런 진단들을 구분해 두는 것이다. 아직까지는 의료계에 이 문제에 관하여 이렇다 할 합의된 바가 없고, 포괄적인 국가적인 지침을 마련하고 있는 나라도 별로 없다. 외부적인 지침이 없는 상태에서, 특정진단에 따라 보존기간을 결정하려는 방법에 대한 자문은 병원의 의료위원회와 기록물위원회에 의뢰해야 할 것이다.

　진단 코드화가 사용되고 있는 곳에서는, 코드화를 위해 채용된 직원들은 적합한 진단이 코드화되었을 때, 적절한 용어(가령 '마지막 방문일로부터 30년간 폐기하지 마시오')를 파일 표지에 표시하도록 교육받는다. 이런 종류의 규정은 물론 기록물의 적절한 보존기간표에 언급되어있어야 한다.

　X-레이와 연구실의 표본들은 법적으로 규정된 기간의 만료일까지 보존해야 하지만 종종 공간을 너무 많이 차지하고, 법적인 대응력도 크지 않아 보이는 경우가 많다. 따라서 이런 자료들은 종종 짧은 기간동안만 보존되기도 한다. 이런 상황에서 연구실의 표본의 보존기간은 의사들의 요구에 달려있다.

　백혈병과 같은 몇몇 예외도 있기는 하지만 백신, 혈청 등의 착색 슬라이드는 보고서가 승인된 날짜이후 몇 개월 이상 보존되지 않을 수도 있다. 세포학, 역사병리학(histopathology), 골수의 도말표본 및 다른 표본준비를 위한 슬라이드들은 심화된 진단과 계속적인 의료 관리를 위해 더 오래 보존될 필요가 있을 수 있다. 예를 들어, 암환자들은 암이 재발하는 경우에 대비하여 수년간 조직 표본들을 보존하는 것이 바람직할 것이다.

기록물 보존기간 결정규정의 승인

　일단 보존기간 결정규정의 초안이 준비되면, 기록물 관리자는 반드시 병원의 주요 간부의 승인을 받아야 한다. 보존기간규정의 각 항목은 병원내의 관련된 부서장에게 승인 받아야 한다. 완전히 검토가 끝난 규정은 병원의 관리자에게 제출하여야 하고 가능하다면 변호사에게도 보내져서 조언을 받아야 한다. 또 병원의 관리조직체 혹은 다른 관리책임부서, 만일 가능하다면, 기록관리기관장의 승인을 받아야 한다.

> *기록물 처리규정은 반드시 병원의 주요 간부의 승인을*
> *받아야 한다.*

> **[연습 35]**
>
> 병원에서 기록물을 관리하는 데에 영향을 미치는 법률을 검토했던 연습을 다시 한 번 살펴보라. 여러분 병원의 기록물 보존기간 결정에 필요한 법적 행정적 조건을 다시 한번 검토해보라. 이렇게 수집된 정보에 기초하여, 병원기록물 중 다른 범주의 기록물에 대한 보존기간 결정을 위해 고려되어야 할 점을 최소한 4-5 가지 정도 간략히 서술해 보라.

2. 병원기록물의 저장

종이 기록물

종이 기록물의 저장을 위한 최적의 상태는 모듈『기록물의 보존(Preserving Records)』에서 이미 서술되었다. 개발도상국가의 병원에서는 이렇게 이상적인 상태를 유지하기가 종종 불가능하기도 하지만 기록물 관리자는 반드시 지역 환경을 고려하면서 이상적인 상태를 목표로 노력해야 한다.

병원의 중앙 행정부서 혹은 각부서의 파일링시스템에 두고 사용하는 현용파일은『현용기록: 생산과 관리(Organizing and Controlling Current Records)』에 서술된 일련의 파일링 장비를 이용하여 저장될 수 있다. 개별 파일내의 정리방법 역시 상기 모듈에 묘사되어 있다.

준현용 단계에서는 각 부서의 파일과 다른 기록물들은 집중저장을 위한 서고로 옮길 수 있다. 이때는『자료관에서의 기록관리(Managing Records in Records Centres)』에서 설명된 원칙에 따라 관리될 수 있다. 대부분의 기록물은 라이프사이클 중 이 단계에서 서고보존을 위해 상자에 넣게 되는데, 이때 수술실 대장, 입원 및 퇴원 대장, 출생 및 사망 대장 등의 기록물은 대개 그 크기가 더 큰 경향이 있으므로 종종 특별히 설계된 상자가 준비되지 않은 경우에는 상자에 들어가지 않은 채로 보관될 것이다. 여러 가지 규격 외 크기의 기록물들을 위해 적합한 크기의 서가가 특별히 마련되어야 한다.

환자진료기록(casenote)의 저장

『현용 기록: 생산과 관리(Organizing and Controlling Current Records)』에서 기술된 대부분의 현용 파일링도구들은 대개 환자진료기록 파일에는 적합하지 않다. 환자진료기록은 준현용 단계가 되었을 때 일반 서가로 이관되기보다는 주로 기록물의 수명이 끝날 때까지 상자에 넣지 않은 채로 고밀도 서가에 보관하는 것이 일반적이다.

환자진료기록 파일의 서가 배치는 단순하게 숫자 순으로 이루어 질 수 있다. 아니면 최종번호순 파일링시스템(a system of terminal digit filing)이 적용될 수도 있다.

환자진료기록은 준현용 단계가 되었을 때 일반 서가로
이관되기보다는 주로 기록물의 수명이 다할 때까지 상자에
넣지 않은 채로 고밀도 서가에 저장되는 것이 일반적이다.

최종번호순 파일링시스템(a system of terminal digit filing)은 기록물 자체의 참조번호 중 마지막 두 자리의 숫자에 따라 여러 구획으로 나뉘어 저장된다. 즉, 6자리 시스템에서 ****00으로 끝나는 모든 파일은 하나의 위치에 모아서 함께 저장하고, ****01로 끝나는 파일은 모두 그 옆에 함께 모아서 둔다. 이런 식으로 ****99까지 배열한다. 간지 카드를 이용하여 서가의 구획을 나누어서, 직원으로 하여금 파일을 찾기 쉽도록 한다. 하나의 구획 안에서 중간의 두 자리 번호에 따라 (즉 **00**부터 **99**까지) 하위 분류를 한다. 중간의 두 자리까지 배열이 끝나면, 그 다음 단계의 하위분류 내에서, 파일은 다시 맨 처음 두 자리의 숫자에 의해 번호순으로 배열된다.

최종번호순 파일링시스템(a system of terminal digit filing) 은
기록물 자체의 참조번호 중 마지막 2자리 숫자에 따라
여러 구획으로 나뉘어 저장된다.

최종번호순 파일링시스템(a system of terminal digit filing)은 여러 가지 장점을 갖는다. 예를 들어, 파일의 참조번호는 번호순으로 할당되지만, 새로 작성된 파일은 그 서가에 함께 보관되지 않는다. 따라서 서고의 한 구역에 파일링 작업이 집중적으로 몰리지 않도록 할 수 있다. 특히, 직원이 이 시스템을 잘 알고 있을 경우, 서가에 파일을 잘못 배열하는 일을 줄일 수 있다.

새로 작성된 파일은 일반적으로 얇다. 하지만 시간이 지날수록 파일은 점점 부피가 커지게 될 것이다. 2과에서 이미 언급된 바와 같이, 3cm이상의 두께를 가진 파일은 반드시 종결하고, 연속되는 새로운 파일을 열어서 이어지는 서류들을 철하여 먼저 파일과 나란히 두어야 한다. 그러나 그런 한 벌의 파일의 크기가 평균적인 서가의 공간보다 더 많이 필요하게 될 수도 있다. 이럴 때에 최종번호순 파일링시스템은 부피 큰 파일들과 여러 벌로 이루어진 파일들을 서고 전체에 분배하여 저장토록 하여, 아주 오래 전에 참조번호를 할당받은 파일이 그 번호에 따라 하나의 서가에 집중하여 저장되는 것을 방지하여 서가의 혼잡을 예방할 수 있게 해준다.

하지만 최종번호순 파일링시스템이 모든 상황에 다 적합한 것은 아니다. 모든 기존 파일의 참조번호가 논리적인 순서에 의해 할당되지 않았고, 동등한 단위의 숫자가 사용되지 않고 문자가 사용된 경우, 이것은 아무 효과가 없다. 이 시스템은 또 어느 정도 숫자에 대한 감각이 있는 직원을 필요로 하며, 수리적인 지식이 있는 직원을 구하기 힘든 병원에서는 최종번호순 파일링은 피하는 것이 좋을 것이다.

대부분의 병원에서는 환자진료기록 파일을 바로 가까운 서가에 배치하는데, 파일의 책등은 서가의 바닥을 향하고, 파일 번호가 적힌 면은 통로를 향하게 하여 직원이 이용하기 쉽도록 한다. 이런 식으로 파일을 서가에 두면 파일 안에 끼워서 철한 다른 기록물들이 파일 밖으로 떨어지는 것을 방지하고, 검색과 재배열의 속도를 최대로 빨리 할 수 있다.

몇몇 나라에서는, 기후적인 조건 때문에 공기 중의 불순물로부터 기록물을 보호하기 위해서 모든 종이 기록물을 박스에 넣어서 서가에 배열하거나 캐비닛과 같은 가구 안에 넣고 문을 닫아 보관하는 것이 필수적일 수 있다. 상자나 캐비닛의 사용은 검색의 속도를 늦출 수 있다. 더욱이 캐비닛의 경우 너무 많은 공간을 차지할 수도 있고, 엄청난 비용이 들 수도 있다.

환자진료기록 파일을 상자 안에 보관하는 것은 보관방법 중의 하나이지만, 그런 파일들이 생성일 이후 몇 달간은 검색률이 상당히 높다는 점을 감안할 때, 직원의 부족을 호소하는 병원의 기록물 서비스센터의 경우라면 환자가 그 병원에 등록한 이후 1년 정도는 파일을 상자에 넣지 않은 채 관리하는 것을 선호할 수도 있다. 이러한 기간을 두는 것은 파일들이 환자의 등록 순으로 물리적으로 배열되어 있는 경우에만 적용될 수 있다. 따라서 이러한 접근은 최종번호순 파일링시스템을 이용하고 있는 곳에서는 불가능하다.

환자진료기록 파일은 또한 서가의 구분자 혹은 서가에 똑바르게 서있을 정도의 적절한 품질의 파일 커버를 구하기 어려운 경우에는 반드시 상자에 넣을 필요가 있다. 그러나 일반적으로, 환자진료기록 파일을 상자에 넣는 것은 서가에 그냥 보관하는 것보다 덜 선호되는 방법이다.

X-레이 필름과 병리학 실험실의 표본 저장

X-레이 필름 봉투는 필름을 접지 않고 저장할 수 있을 정도로 큼직하고 어떤 손상이나 파손 없이 필름의 무게를 견딜 수 있을 정도로 강한 것을 사용해야 한다. 가장 쉽게 이용되는 봉투의 크기는 35 x 43 cm (14 x 17 in)이다. X-레이의 무게 때문에, X-레이 필름 봉투는 약 30 cm (12 in)의 간격을 두고 책버팀으로 고정할 수 있는 강철 서가에 저장하여야 한다.

일부 작은 병원에서는 X-레이를 환자의 이름에 따라 알파벳순으로 배열기도 하지만 대부분의 병원에서는 X-레이를 번호순으로 배열한다. 숫자사용은 많은 환자가 같은 이름을 사용하고 있을 가능성이 높고 제3과에서 제시된 바와 같이 특히 X-레이를 파일과는 별도의 번호를 부여하여 사용하는 경우에 더 선호된다.

봉투는 바깥쪽 가장자리, 경우에 따라서는 모서리에, 파일 구분을 위한 정보를 기입한 꼬리표를 붙이고 이것이 바깥쪽으로 나오도록 배열하여 봉투를 완전히 꺼내지 않고도 식별 가능 하도록 한다. 봉투 속에는 필름에 번호를 기입한 쪽이 봉투가 열리는 부분(보통 봉투의 맨 윗부분)에 위치하도록 넣어둔다.

다른 사진 관련 자료들과 같이, X-레이 필름은 서늘하고 건조하며 통풍이 잘 되는 곳에서 보존되어야 한다. 이상적인 기온은 섭씨 17도에서 25도 사이이며, 상대습도는 40에서 60퍼센트이다. 이런 상태라면 필름은 최소한 15년에서 20년까지 보존할 수 있다. 높은 습도는 특히 더 큰 손상을 입히는데, 필름을 서로 들러붙게 하여 사용할 수 없게 만든다. 포름알데히드, 아황산가스 혹은 산업 오염물질 등과 같은 일부 가스는 잠재적으로 해를 미칠 수 있다. X-레이를 현상하는 과정에서 유해한 화학 약품을 깨끗하게 세척하였는지 확실히 하는 일은 매우 중요하다.

X-레이는 같은 이름의 환자가 많은 경우 번호순으로
저장하는 것이 가장 좋다.

파라핀 블럭은 상자에 넣어서 섭씨 20도의 온도에 보존하는 것이 가장 이상적이다. 이 보다 약간 높은 온도는 어느 정도 용인될 수 있다. 파라핀이 녹는 시점은 섭씨 50도에서 60도 사이이다.

착색시킨 유리슬라이드도 상자에 넣어서 보관하고, 상자는 X-레이를 보존에 적합한 조건과 비슷한 조건, 즉 서늘하고, 통풍이 잘되며, 습기가 없는 환경에서 보존하여야 한다.

병리과 직원들과 방사선과 직원들은 표본 및 X-레이를 자신의 편의를 위하여 부서 내에서 보관하기를 원하는 경우가 많다. 그러나 그런 기록물을 기록물담당 부서에서 보존하는 것이 알맞은 통제하에 기록물을 보존하고 제대로 된 순서를 유지시켜줄 수 있는 하나의 수단이 된다. 기록물담당 부서는 기록물이 필요로 하는 환경조건을 제공하고 병원 내에서 부서마다 같은 자료를 여러 번 복제할 필요를 없애준다. 만일 그런 자료들이 환자진료 파일과 가능한 한 가까이 보관된다면, 직원이 검색하고 다시 제자리로 갖다 놓을 때마다 직원의 시간과 노동을 줄여줄 것이다. 필요하다면, 최근의 표본과 X-레이는 해당 부서에서 보존하고, 준현용 표본과 X-레이들은 기록물담당 부서로 옮겨와 보존할 수도 있다.

> *표본 및 슬라이드는 안정된 환경에서 필요한 기간만큼만 보존되어야 한다.*

[연습 37]

여러분의 병원에서는 X-레이가 어떻게 보관되는지 설명해 보라. 그것들은 폐기될 때까지 얼마나 오래 보존되는가? 그리고 어떻게 폐기되는가? X-레이의 보존과 접근을 둘 다 개선시킬 수 있는 두 가지 단계를 제시해 보라.

---

3. 싱글사이트 기록물 서비스의 운영

하나의 집중된 기록물 서비스센터를 운영하면 여러 가지 장점이 있다. 만일 이런 선택이 가능하다면(예를 들어, 새로운 기록물 서비스센터를 설립하는 하는 경우나 기존의 것을 재건하는 경우에) 이것이 가장 최상의 선택이 될 것이다. 그러나 기록물센터로 제안된 곳의 적합성을 평가할 때는 여러 가지 요소들이 고려되어야만 한다. 다양한 형태의 기록물에 대해 적합한 공간과 적절한 서가배열이 반드시 고려되어야 한다. 만일 총괄환자색인이 수작업 방식으로 유지되고 있다면, 충분한 양의 색인카드를 넣어둘 수 있는 서랍과 공간이 필요하다. 기록물을 위한 공간 외에도, 직원과 환자의 등록을 위한 시설도 제공되어야 한다. 비록 등록을 위한 물리적인 배치는 지역적인 환경에 따라 달라질 수 있다고 하더라도, 환자가 이용하기 편리하도록 하는 것이 가장 중요한 요소이다.

> *중앙집중식 기록물 서비스센터는 환자 파일에의 접근을 더 용이하게 해준다.*

환자가 예약하지 않고 찾아오는 병원에서는, 등록과 기록물 서고가 매우 근접하여 있어야 한다. 그리하여 환자의 신원이 파악됨과 동시에 바로 그 환자의 파일이 검색될 수 있도록 해야 한다. 이 두 가지 기능이 한 사무실이나 한 건물에서 이루어진다면, 이 공간은 반드시 두개의 분리된 공간으로 나뉘어져, 하나는 환자를 받는 공간으로 사용하고, 다른 하나는 직원과 기록물을 위한 안전한 공간으로 사용하여야 한다. 환자를 받는 공간은 환자가 등록하는 동안 기다릴 수 있는 좌석을 비치하여야 하고, 그들이 직원들과 마주 이야기 할 수 있는 카운터도 마련되어야 한다.

카운터는 편의에 따라 두 공간을 구분하는 울타리가 될 것이다. 등록 직원은 카운터 뒤쪽에 앉게 될 것이고, 그 뒤에 총괄환자색인카드와 환자진료기록 파일이 배치될 것이다. 색인은 등록직원이 쉽게 접근할 수 있는 곳에 배치한다. 기록물 보관구역의 통로는 등록 구역과 바로 연결되어 있어야 하고, 대각선으로 엇갈리는 곳에 있어서는 안된다.

환자진료기록 파일 외의 다른 기록물은 일반적으로 등록 카운터로부터 더 먼 곳에 보관되기도 한다. 등록절차에 연관되지 않는 직원들을 위한 사무실은 카운터에서 멀리 떨어져 위치해도 상관없다.

환자는 기록물 서고와 직원을 위한 공간에 접근하도록 되어서는 안된다. 직원을 위한 입구는 환자들이 드나드는 입구와 별도로 분리되어 설치되어야 한다. 병원 일반 직원들은 직원을 위한 공간으로 들어올 수는 있겠지만, 보통 기록물 서고구역에는 들어 올 수는 없다. 하지만 필요한 경우에, 직원이 기록물의 열람을 요구하는 경우 환자의 등록 창구 외에 별도로 직원문의를 위한 시설을 마련하여야 한다. 병원의 직원의 경우 대부분이 자신의 부서에서 사용할 목적으로 기록물을 빌리는 것이라 하더라도, 기록물 서비스센터는 시설 내에 직원들이 기록물 요청을 할 수 있는 별도의 구역을 마련해야 한다.

이런 형태의 시설에서는 수많은 변수가 있을 수 있다. 예를 들어, 환자대기실은 주 건물의 바깥쪽에 따로 간이 대기실의 형태로 만들 수 있다. 이런 방식은 비용이 덜 들고, 특히 건물 내 에어컨이 설치되지 않은 더운 지역에서는 환자들의 풍토에 더 적합할 수 있다.

대기실은 반드시 등록을 기다리는 모든 환자들을 수용할 수 있을 만큼 충분히 커야 한다. 만일 필요하다면, 환자들이 밀리지 않도록 동시에 여러 명의 환자들의 등록을 받을 수 있는 여러 대의 카운터가 마련되는 것도 좋을 것이다. 이런 시설을 설계할 때에는 직원의 숫자와 기록물의 양만을 고려하는 것이 아니라, 매일 등록하는 환자의 숫자도 고려해야 한다.

시설 설계와 관련된 그 밖의 관점들은 본 프로그램의 다른 모듈에서 설명된 부분을 따르면 될 것이다. 환자의 좌석과 등록 카운터를 제외하고, 다른 비품들은 기록물센터마다 다양하게 나타날 수 있다.

참고업무 구역에 대한 정보는 『기록보존소의 기록관리
(Managing Archives)』 및 『현용기록: 생산과 관리(Organizing and
Controlling Current Records)』를 참고하라.

병원 내에서의 현용기록의 이동

모듈『현용기록: 생산과 관리(Organizing and Controlling Current Records)』에서 설명된 바와 같이, 기록물담당 부서로부터 기록물이 대여되었을 때, 기록물담당 부서는 항상 어느 부서에서 빌려갔는지 알고 있어야 하고, 빌려간 기록물이 제대로 반납되었는지 항상 확인할 수 있도록 적절한 통제가 이루어져야 한다. 기록물의 추적과정에 대한 필요성이 모든 직원에 의해서 인식되지 않는다면, 그 시스템은 단지 첫 대여자의 기록만을 보존하고 있을 위험에 처할 것이다. 그 기록물의 종류가 환자 파일이건, X-레이건, 행정 문서이건, 혹은 다른 부서의 문서이건, 서고에서 나온 모든 기록물은 반드시 같은 절차가 적용되어야 할 것이다.

문서의 대출

문서를 대출할 때에는, 문서대출대장을 작성하는 것이 필수적이다.

파일요청서의 사용, 파일표지의 회람표시, 문서출납대장 등은 인적 자원이 허용되는 상황에서는 분명히 고려되어야만 하지만 병원에서 자주 사용되지는 않는다. 하지만 문서의 대출

상황을 보여주는 문서대출대장(a charge-out document)의 사용은 필수적이다. 그 기관에 적합한 시스템을 설계할 때는 문서의 대출비율, 언제 주로 대출되는지 등을 포함한 수많은 요소들을 고려해야만 한다. 어떤 병원 기록물은 밤낮에 상관없이 하루 중 어느 시간에나 대여하여 참조할 필요가 있는 경우도 있다. 기록물담당 부서가 하루 24시간을 근무하는 직원시스템을 갖지 않는 이상, 시스템 자체를 잘 설계하여 다양한 부서의 직원이 하루 24시간 기록물을 이용할 수 있도록 해야 할 필요가 있다.

어떤 병원은 개별 환자진료기록 파일을 위한 개별 대출카드(추적카드, tracer card)를 준비한다. 이 카드는 파일번호가 미리 인쇄된 것으로 파일이 준현용 단계에 들어가면 파일과 함께 보관된다. 파일이 대출될 때는, 이 카드를 파일에서 빼서 사용자의 이름과 날짜를 기입해 서가에 파일 대신 넣어 둔다. 이 대출카드는 파일로도 사용될 수 있는데, 축소형 파일을 사용하여 대출카드와 똑같이 사용할 수 있고, 때로는 파일을 장기 대여하고자 할 때 기록물담당 부서로 보내진 서류 등을 삽입하여 둘 수도 있다. 하지만 이런 방법은 병원에서 적용하기는 너무 비싼 방법일 수 있다.

다용도 대출카드는 더 경제적인 대안이다. 그런 카드는 어느 특별한 파일을 위해서만 쓰이는 것이 아니라 여러 기록물의 반복적인 대출에도 계속해서 여러 번 쓸 수 있다. 만일 그 카드가 적절히 설계되면, 같은 카드를 환자진료기록 파일과 다른 종류의 기록물에도 같이 사용할 수도 있다. 샘플 대출카드는 다음과 같다.

장기대여/대출 기록부는 대출카드시스템의 보충물로서 부가적인 통제를 위해 유용하게 사용될 수 있다. 어떤 종류의 문서든 원래의 보존위치로부터 대출할 때에는 적절하게 표제 달린 칸들로 구성된 장부에 그 내역을 기재해야 한다.

『현용기록: 생산과 관리(Organizing and Controlling Current Records)』에서 이미 지적한 바와 같이, 어떤 파일이 첫 번째 대출자에서 다른 사람에게 넘어갔을 때도, 파일이동용지에 기록이 되어야 하고, 이것은 부출카드 혹은 장기대여 기록부에 내용을 갱신할 수 있도록 기록물담당 부서로 보내야 해야 한다.

만일 통합 환자진료기록 파일시스템이 외래환자뿐 아니라 입원환자까지 포괄하고 있다면, 대부분의 통합파일은 병원에 오는 환자의 이름으로 검색될 수 있을 것이다. 만일 이런 환자들 중 한 사람이 그 당일 입원이 결정된다면, 각 파일은 의사의 진료가 끝난 후 문제의 병동으로 보내지게 될 것이다. 그러나 등록 직원에게는 어떤 외래환자가 입원하게 될지, 등록할 당시에는 분명하지 않을 것이다. 그러므로 계획된 입원대기 목록은 기록물 담당직원에게 보내서 그 환자 파일이 병동으로 옮겼음을 대출카드에 작성할 수 있도록 해야 한다.

[   ] 병원 기록물 서비스 센터
대출 카드(추적카드, Tracer Card)

파일 번호	환자의 이름/ 파일 제목	대출 날짜	대출자	부서	서명

그림 11 대출카드 샘플

다른 부서에서도 자체적으로 그 부서 내 혹은 부서 밖으로의 이동상태를 기록하는 문서대출시스템을 갖고 있는 것도 좋은 방법이다.

[연습 38]

여러분 병원에서 문서들이 어떻게 대출되고 있는지를 설명해 보라. 문서의 대출 위치와 이용을 기록하기 위해서 작성되는 문서의 절차를 개선할 수 있는 방법 2가지를 생각해 보라.

문서의 반납

> *문서는 이용이 끝난 즉시 기록물담당 부서로 반드시*
> *반납되어야 한다.*

진료가 끝난 후, 입원이 필요하다고 결정된 환자들의 파일은 병동으로 보내져야 하고, 그 외의 모든 다른 파일들은 다시 서고로 반납되어야 한다. 서고로 돌아가야 할 파일에는 다음 진료를 위해 예약을 한 환자의 파일도 포함되고, 가까운 미래에 입원해야 할 환자의 파일도 포함된다. 곧 다시 올 환자들의 파일을 한 옆에 그대로 방치하는 것은 좋은 업무 자세가 아니다. 병원 직원은 어떤 경우라도 계속해서 사용하지 않는 파일을 계속 갖고 있지 않도록 교육받아야 한다. 서고로의 파일반납은 분실이나 잘못된 장소에 배열하는 위험을 줄일 수 있다.

입원환자가 퇴원하거나 사망한 경우, 그들의 파일은 기록물담당 부서로 보내져야 한다. 퇴원과 사망에 관한 상세한 내용은 이후 적절한 대장에 기록된다.

기록물이 반납되면, 파일을 서가에 다시 배열하기 전에 분실된 부분이 없이 완전하고 손상되지 않았는지를 확인할 필요가 있다. 환자진료기록 파일은 반드시 최종 진단이 기록되어 있는지 분명히 점검해야 한다. 만일 최종진단이 기록되어있지 않거나, 혹은 파일내의 서류들 사이에 명백한 분실이 있어 보인다면, 대출해갔던 의사에게 문의하고 적합한 서류를 작성하여 추적해야 한다. 만일 병원에서 진단 코드화(diagnostic coding)를 해야 한다면, 환자진료기록은 코드화가 완전히 이루어지기 전까지 파일링이 완료되어서는 안된다.

일부 병원에서는 입원환자가 퇴원하거나 사망하였을 때 환자의 체온 기록 혹은 체액 점검

등에 관한 일시적인 기록들은 환자진료기록이 서가에 배열되기 전에 폐기한다. 이 단계에서 폐기되어도 좋을 종류의 서류에 관한 합의가 병원내에서 이루어져 있다면, 이것은 보관해야 할 파일의 크기를 줄여주는 유용한 방법이 될 수 있다.

또한 파일내의 모든 서류들이 알맞은 순서로 잘 배열되어 있는지를 확인하는 것도 중요하다. 파일들은 날짜순으로 배열되기도 하고, 혹은 파일표지에 적힌 별도의 방법을 사용하여 배열되기도 한다. 내용물이 제대로 조직되지 않은 환자파일은 환자가 다시 병원에 왔을 때 완전히 활용될 수 없을 것이다.

파일들을 다시 사용해야 하는 경우, 손상된 파일 표지는 파일링 하기 전에 새것으로 교체해야 한다. 만일 손상된 파일 표지 위에 유일한 정보가 기록되어 있다면, 새 표지의 안쪽에 넣어두거나, 혹은 복사하여 두어야 한다. 대출카드가 정확하게 서가에 놓여져 있지 않은 경우를 제외하고는, 어떤 파일도 교체되지 않는다. 이 원칙을 따라야 잘못 파일링되는 경우를 피할 수 있다. 관리자는 이런 모든 절차가 신뢰할 수 있게 수행되고 있는지를 항상 주의 깊게 점검하여야 한다.

환자진료기록 파일을 사용 후 곧장 서고로 반납하는 일이 항상 가능하지 않을 수도 있다. 사망한 환자의 환자진료기록 파일은 부검실이나 사망대장을 작성하는 곳으로 직접 보내질 수도 있고, 만일 병원이 통계적인 목적으로 진료기록을 사용하고자 한다면 파일들은 기록물이 서고에 저장되기 전에 코드화하는 직원에게 보내지기도 한다. 따라서 환자가 병원을 떠났을 때 환자진료기록 파일이 어디로 바로 가야하는지에 대해 병원내의 합의된 절차가 마련되어야 하고, 파일들이 잘못 위치되지 않도록 정기적인 점검이 반드시 이루어져야 한다. 어떤 상황에서도 파일들이 병동이나 진료실에 단순히 남아있는 경우가 있어서는 안된다.

[연습 39]

여러분의 병원에서 기록물이 어떻게 서고로 반납되는지에 대해 설명해 보라. 기록물의 반납절차를 개선할 수 있는 방법을 2가지 생각해 보라.

4. 멀티사이트 기록물 서비스의 운영

병원 기록물 서비스가 중앙집중식으로 한 곳에서만 운영하는
것이 언제나 가능한 일은 아니다.

기록물을 인접한 곳에 보관하는 것이 문제를 일으킬 소지가 적다. 그러나 어떤 경우에는
기록물업무에서 한 병원 내에 한곳이 아닌 여러 곳에 분산시켜 기록물을 보관하기도 한다.
어떤 경우에는 경제적인 한계나 병원내의 공간 부족으로 병원 내 서고와 함께 병원 밖 서고
를 같이 운영하기도 한다.

병원 내에 기록물 서고를 두 개 운영한다면, 하나는 등록과 환자의 환자진료기록 파일의
보관을 위해(더 큰 것) 사용하고, 나머지 하나는 X-레이와 다른 부서의 준현용 기록물들을
저장하기 위해 사용하는 것이 좋다. 다른 부서의 준현용 기록물은 분명히 병원 밖 서고에
보관되어야 하지만 여러 장소로 분리하여 보관할 때 어느 선을 기준으로 준현용 기록물을
나누어야 하는지에 관해서는 다소의 어려움이 있다.

여러 서고에 환자진료기록 파일을 나누어 보관하는 것은 단순한 일이 아니다. 환자가 예
약 없이 정기적으로 오는 병원에서는 파일 검색의 신속성은 매우 중요하며, 환자가 그들의
파일이 보관되어 있을 장소에 바로 등록한다면 더욱 효율적이 될 것이다. 파일이 여러 곳으
로 분산되어 저장된다면, 파일뿐만 아니라 색인카드도 나누어 파일과 함께 같은 곳에 보관
되어야 한다.

이런 분산식 보관을 가장 효과적으로 관리하는 좋은 방법은 환자의 성별에 따라 두 곳으
로 나누어 기록물을 보존하는 것이다. 남성 환자들은 한 등록소로 바로 가서 등록을 하고,
여성들은 다른 등록소로 가서 등록을 하는 것이다. 만일 환자가 글을 읽을 줄 안다면, 자기
이름 중 성의 알파벳에 따라서 분리하는 것도 가능하다.

몇몇 병원에서는 총괄환자색인카드를 모든 환자가 등록하는 하나의 장소에 보관하고 그
들의 파일번호에 따라 기록물을 나누어 보존하기도 한다. 만일 병원이 최종번호순 시스템(a
terminal digit system)을 사용하고 있다면, ****00에서 ****49까지의 번호가 할당된 서가를 한
곳에 두고, 나머지 ****50에서 ****99까지 번호가 할당된 서가를 다른 곳에 두어 사용하면
된다. 그러나 만일 예약 없이 온 환자의 경우 파일을 신속하게 검색해야할 필요가 있다면,
모든 서고는 등록하는 장소에서 가까운 거리에 있어야만 한다.

환자들을 예약에 의해 진료하는 병원은, 검색의 속도가 그렇게 중요하지는 않다. 예약시스템은 미리 예약된 환자를 알려줌으로써 기록물이 먼 거리에 위치한 서고에 보존되어 있어도 파일을 검색할 시간을 보장해준다. 색인이 위치한 장소와 기록물이 보존된 서고사이에는 전화 혹은 이메일로 서로 의사소통하여 파일을 요청하고 검색하게 할 수 있다. 그러나 만일 파일을 긴급히 사용해야 하는 경우가 있으므로, 커뮤니케이션 기술이 충분히 발달하지 않은 나라에서는 이렇게 서고를 분리하여 사용하는 것을 무분별하게 적용해서는 안될 것이다.

만일 병원 자체가 여러 곳으로 분산되어 위치하고 있다면, 혹은 기록물 서비스센터가 여러 병원의 기록물을 관리하고 있다면, 모든 기록물이 한 곳에 보관되어 있다고 하더라도 모든 환자가 한 장소에서 등록하기를 기대하는 것은 불가능하다. 등록은 분명히 여러 장소에서 이루어져야 하며, 매 등록장소마다 대기실과 등록 카운터가 있어야 한다.

다시 한번 강조하지만 직원이 환자가 등록했을 때 환자의 파일을 중앙에 위치한 총괄환자 색인카드에서 검색하기 위한 도구로서 전화 및 전자적인 커뮤니케이션 방법은 반드시 필요하다. 이런 종류의 커뮤니케이션이 불가능하다면, 통합된 파일시스템은 제대로 운영될 수 없다. 총괄색인에 접근할 수 없다면 병원전체를 하나의 번호시스템으로 유지하는 것은 불가능하고, 각 사무실마다 지엽적인 파일만이 사용될 수 있을 뿐 환자의 완전한 병력관리는 불가능하다.

기록물의 보존 장소가 여러 곳으로 멀리 분산된 경우에는 파일의 적절한 교통수단이 필요하다. 믿을 만한 커뮤니케이션 방법과 교통시설이 준비된 곳에서조차도, 통합 환자진료기록 파일을 검색하고 필요한 장소까지 배달하는데 시간이 걸리기 때문에, 환자가 사전 예약 없이 온다면 국지적으로 보존된 파일을 사용해야할 필요가 있다. 중앙 통제소에서부터 통합파일을 운송하는데 걸리는 시간을 충분히 갖기 위해서는 환자를 예약을 통해서만 받아들이는 병원에서만 사용되어야 한다.

환자진료기록 파일을 병원 밖 서고 혹은 제2서고에 보존하는 것은 한층 더 복잡한 시스템을 요구할 뿐만 아니라, 이를 위한 준현용 파일을 위한 원칙들마저도 행정 기록물이 아닌 환자진료기록 파일에 직접 적용하기에는 다소 무리가 있을 수도 있다. 종결된 파일이나 적극적으로 활용되지 않는 파일들을 제2서고로 옮기는 것은 여러 가지로 어려운 일이고, 이는 검색시스템이 보통 일련 번호순으로 정리된 파일을 기초로 이루어지기 때문이다.

수년간 사용되지 않은 파일들을 분리해 내는 것은 가능하지만, 이는 파일의 배열번호가 끊기게 될 수도 있고 (분리되는 만큼의 파일번호가 단절되므로), 이 때문에 파일의 서가위치와 파일번호를 적은 목록을 다시 만들어야 할 필요가 있을 수 있다. 십 만개 이상의 환자진료기록 파일을 갖는 대규모의 병원에서 이러한 반복적이고 복잡한 일은 기록물담당부서 직원들의 업무를 과도하게 만들 것이다. 그러나 그러한 목록이 없이 한두 개의 불완전한 부분적으로 불연속되는 파일 배열번호를 유지하는 것 역시 검색에 중대한 문제를 야기할 수 있다.

다른 방법으로는, 제1서고(중앙서고)의 파일들의 일부를 원래 배열순서대로 통째로 옮기는 방법이다. 가능하다면, 여기서 선택된 배열순서는 환자가 최초 등록했을 때(예를 들면, 10년 이상이 되는 것)의 그 순서인 것이 좋다. 이러한 방법은 보통 파일들의 최종번호순 배열(terminal digit filing)방법이 잘 이용되지 않으나, 자체의 일련 번호순으로 엄격히 서가배열을 하는 곳에서 이용하기 쉽다. 이런 접근방법은 제2서고에 소장될 기록물을 구분하기 위해 보통 사용되는 원칙들과는 다르다. 왜냐면 어떤 파일들은 여전히 정규적으로 이용될 수도 있기 때문이다. 그러나 이런 접근법을 사용함으로써 상세한 검색도구(finding aid)를 작성해야 한다는 부담을 피할 수도 있다.

어떤 방법을 이용하느냐와 상관없이, 환자진료기록 파일을 제2서고로의 이관하는 것은 환자가 예약없이 찾아오는 병원에서는 여러 문제를 야기한다. 왜냐하면 이런 상황에서는 어느 파일이건 신속하게 검색되어야 하기 때문이다. 파일의 서고 이관에 있어 가장 실용적인 방법은 사망했다고 알려진 환자의 파일을 이관하는 것이다.

종이 기반의 통합 파일 시스템에서 가장 복잡한 상황은 환자가 지리적으로 분산된 장소에서 여러 번 등록하고, 그 때마다 전화로 총괄환자색인이 있는 중앙 통제장소로부터 파일을 검색해야 하는 경우이다. 중앙 통제장소는 이어서 여러 곳의 제1서고와 기본 배열순서에서 추출된 기록물을 소장하고 있는 여러 곳의 제2서고와 원활한 의사소통을 해야 한다. 이론상으로, 다른 선택의 여지가 전혀 없이 종이기반시스템을 전적으로 이용하는 곳에서 이런 배열과 저장방법이 적용되지 못할 이유는 없다. 하지만 실무적으로 보았을 때 많은 어려움이 수반될 수 있으며, 특히 텔레커뮤니케이션이나 교통시설이 잘 설치되지 않거나 재정적인 자원이 한정되어 있는 곳에서는 더욱 그러하다.

[연습 40]

여러분의 병원은 중앙 집중식으로 기록물서고를 운영하고 있는가, 아니면 분산식으로 기록물서고를 운영하고 있는가? 여러분 기관의 상황에 비추어 집중식 기록물서고 운영의 장단점을 5가지씩 생각해 보라. 그리고 분산식 기록물서고 운영의 장단점을 5가지씩 생각해 보라.

상기의 장단점 목록에 기초하여, 어떤 방식의 기록물서고 운영이 여러분의 병원 상황에서 더 권장된다고 할 수 있는가? 왜 그런지 설명해 보라.

5. 보존기간이 지난 비현용 기록물의 폐기

보존기간이 지난 기록물의 폐기의 여러 가지 방법에 대해서는 『기록물 평가 시스템 (Building Records Appraisal Systems)』에서 이미 다루었다. 일부 국가에서는 병원에서는 엄청난 양의 폐기할 기록물을 조각으로 절단하여 버리는 시설을 갖추기가 힘들어, 소각하는 것을 유일한 방법으로 사용하고 있기도 하다. 기계화된 시설이 여의치 않은 시골에서는 소각로에 서 철저한 감독 하에 문서를 소각하는 일만이 유일한 폐기방법일 것이다.

> 개인의 의료기록은 여러 가지 기밀 정보를 담고 있기 때문에, 어떤 폐기수단이든 관계자이외의 접근이나 우발적인 공개를 방지하기 위해 반드시 철저한 감독 하에 이루어져야 한다.

개인정보는 행정파일과 같은 의료기록이 아닌 문서에서도 발견될 수 있다. 따라서 기밀 혹은 극히 신중을 요하는 정보를 수록하고 있는 보존기간이 지난 비현용 기록물은 모두 그 폐기 절차를 분명히 하고 엄중한 관리 하에 수행하도록 하는 것이 현명한 일이다.

더 이상 필요치 않은 X-레이 필름은 그 속의 은 성분을 추출하여 재생시켜 활용 할 수도 있다. X-레이 봉투는 재활용하거나 다른 새 환자를 위해서 사용할 수도 있다.

[연습 41]

여러분의 병원에서는 현재 보존기간이 지난 비현용 기록물을 어떻게 폐기하고 있는 가? 기록물 폐기의 효율성과 안전성을 개선하기 위해 취할 수 있는 방법을 3가지 정도 생각해 보라.

---

6. 기록관리기관으로의 이관

병원에서 생산된 기록물의 일부는 기록관리기관에서의 보존을 위해 이관일이 정해질 것 이다. 다음의 목록은 평가작업에서 영구보존할 만한 가치가 있다고 결정될 수 있는 병원기 록물의 예이다.

- 의사록, 회의록, 및 병원의 책임 행정부서에서 제출되거나, 모든 위원회에서 생산한 보고서 등의 한 세트.(가능하다면 서명된 원본)
- 병원의 명령, 훈령, 규정, 정책 및 절차와 그 개정안 및 폐지안 등의 완전한 세트
- 상기의 명령, 훈령, 규정, 정책 및 절차의 준비과정에 관한 파일
- 연간보고서 및 회계관련 파일 및 한 부의 주요 경영보고서 등의 한 세트
- 자산 소유 증명에 관한 기록물: 자산의 권리증서와 관련 서류 및 구매, 거래, 처분, 임대 혹은 저당에 관한 파일
- 새 부서의 설계나 건축, 건물의 증축, 개축 및 수리 등에 관한 설계도, 도면, 설명서, 계약서 및 기타 주요 기록물 (이미 포기되었거나 연기된 계획이더라도 보존한다)
- 병동 혹은 부서의 설립, 이동, 폐쇄 등에 관한 파일 (기념 팜플렛 혹은 소책자 포함)
- 주요 응급상황, 재난(화재, 홍수 등) 및 유사한 사건사고에 관한 조사 및 연구에 관한 파일
- 의료 기계, 설비, 병원 의료진의 전체 혹은 일부가 중점으로 가담한 중대한 연구 혹은 작업 등의 설계 및 개발에 대한 설계도, 도면, 설명서, 실험 노트 및 중요한 기록물

입원, 퇴원, 출생 및 사망 대장(혹은 같은 기록물의 전자형태)은 기록관리기관으로 이관해야 하는 기록물이다. 다른 환자대장들과 통계적인 요약 내용은 경우에 따라서 영구보존 결정을 내릴 수 있다.

환자진료기록 파일을 기록관리기관에서 보존하는 것은 더욱 많은 문제를 야기할 수 있다. 의학사적이고 사회사적인 가치를 차지하고서라도, 그런 기록물은 질병 예방과 효과적이고 효율적인 공공 보건을 위한 연구 목적으로 유용한 데이터를 제공할 수 있다. 그러나 전자형태의 환자진료기록이 일반적인 표준으로 정해지기 전까지는 엄청난 양의 종이 파일의 환자진료기록은 장기보존의 방해물이 될 것이다.

모듈『기록물 평가시스템(Building Records Appraisal System)』에서 제시된 것처럼, 의료적인 가치가 지난 환자진료기록에 대해서는 표본추출(샘플링)하여 일부만 보존하는 것도 하나의 적절한 방법일 수 있다. 최종번호순 파일링방법이 환자진료기록 파일의 서가배열을 위해 사용된 곳에서는, 번호에 따른 표본추출(numerical sampling)이나 연속번호 표본추출(serial sampling) 방법이 적용하기 쉬울 것이다. 파일번호 마지막 두 자리 숫자 중 임의의 두 자리 숫자를 정하여 그 숫자를 가진 모든 파일을 추출하면, 그 파일들은 1 퍼센트 샘플을 나타낸다. 파일 번호의 또 다른 마지막 두 자리 숫자를 정해 파일을 추출하면, 이는 모두 2 퍼센트 샘플이 될 것이다. 영구보존할 파일을 결정하기 위해 이런 표본추출방식으로 뽑힌 샘플 파일들은 유용한 연구 자료를 제공할 뿐만 아니라, 기록물을 전체 다 보존해야 할 필요성을

없애 준다.

　비록 일부 의료진들은 그들의 연구목적으로 병원 내에 기록물을 보존하기를 원할 수도 있지만, 병원의 재정이 크고 투자가 많아 자체적인 기록관리기관을 유지하고자 하는 경우가 아니라면, 일반적으로 이것은 바람직한 방법이 아니다. 대부분의 병원은 전문적으로 운영되는 자체 기록관리기관을 유지할 자원이 가능하지 않은 경우가 많다. 대신에, 적절한 기록물은 기록관리기관이나 다른 권위있는 서고로 이관되어야 한다.

병원에서 생산된 기록물의 일부는 영구기록물로서
영구보존될 가치가 있다.

[연습 42]

　여러분의 병원에서 생산된 기록물 중 기록관리기관으로 이관되는 것이 있는가? 만일 그렇다면, 그에 관한 정책과 절차를 설명해 보라. 그렇지 않다면, 왜 그렇지 않은지를 설명하라. 여러분 병원에서 기록보존 프로그램을 시작하고, 확대할 수 있는 방법에 대하여 생각해 보라.

7. 접근에 관한 쟁점들과 병원기록물

　의료 기록물은 그것이 생산된 병원의 자산이고, 따라서 주립 병원의 경우는 그런 기록물들은 궁극적으로 국가 기록관리기관 기록물의 일부를 형성하게 된다. 그러나 환자에 대한 기록물에 수록되어 있는 정보는 환자와 환자를 담당했던 의료 전문가들의 지적재산이다.

　환자의 동의 없이는 이런 정보는 환자의 치료에 관여하고 있는 사람을 제외한 어떤 사람에게도 유출되어서는 안 된다. 환자 기록물의 기밀성은 병원에서의 기록물관리에 관한 안전성과 접근성에 있어서 분명하게 고려되어야 하는 점이다.

　모든 기록물 관련 직원들이 따라야 하는 본질적인 목표는 의사와 환자간의 기밀성 관계를 유지시켜 주는 것이다.

　환자는 그들이 의료 전문가들에게 제공한 정보가 언제나 기밀로 유지되도록 요구할 권리가 있다. 의료관련 기록물이 아닌 경우라도 병원의 재정, 업무, 혹은 인사에 관해 신중을

요하는 정보를 가지고 있을 수 있다. 기밀을 유지해야 하는 기록물은 반드시 분실, 손상, 무분별한 접근 및 변경과 공개로부터 보호되어야만 하며, 모든 직원들은 반드시 엄격한 기밀성을 유지하기 위하여 성문화된 조약서에 서명해야 할 필요가 있다.

병원 직원들 사이에도 환자진료기록과 다른 잠재적으로 민감한 기록물들에 접근할 자격이 있는 직원들을 가리는 분명한 지침이 있어야 한다. 게다가, 관리자급 직원들 중에서도 병원 외부의 인사에게 의료 정보의 공개를 승인할 수 있는 권한을 가진 직원을 구분하여야 한다. 그런 정보는 항상 서면으로 요청되고 공개되어야 한다.

정보가 병원의 일반 직원이나 보험회사의 직원과 같은 제삼자로부터 요청되었을 때와 같이 의심스러운 경우에는, 기밀정보가 공개되기 전에 반드시 환자의 동의를 얻어야 한다. 하지만 심각한 범죄를 조사하기 위해 기록물을 요청하는 등 아주 예외적인 경우에는 환자의 동의 없이도 그 환자진료기록을 공개할 수도 있다.

환자자신이나 환자의 보호자에게 의료 기록물의 정보를 제공하는 것은 법률 혹은 중앙정부령으로 규정할 수 있다. 이런 식으로 법률로 규정되어 있지 않은 나라에서는, 병원은 자체 기준을 만들어 사용할 수도 있다. 제2과에서 이미 논의한 바와 같이, 일부 병원은 환자가 자신의 기록물을 집으로 가지고 갈 수 있도록 허용하기도 한다. 그 밖의 상황에서는 의료 기록물에 들어 있는 정보는 환자의 치료를 담당한 의사와 자문을 한 후에만 환자에게 공개될 수 있도록 하는 경우도 있을 수 있다.

병원의 정책은 기록물을 병원 밖으로 보내는 경우도 고려하여 준비되어야 하는데, 특히 다른 병원이나 보건소의 요청에 대해서도 적절한 규정을 마련해 두어야 한다. 기록물의 이동은 적절한 상황에서만 이루어져야 하며, 이를 보장하기 위해 절차가 마련되어야 한다. 만일 원본 기록물을 다른 병원으로 보낼 때는 반드시 대출 시스템을 이용하여야 한다. 그러나 어떤 병원에서는 기록물의 사본만을 보낼 수 있도록 하는 정책을 쓰기도 한다. 만일 적절한 복사 설비가 갖춰져 있다면, 이 방법은 원본 자료의 분실 위험을 제거할 수 있는 방법의 하나로 진지하게 고려되어야 한다.

환자 정보의 보호는 의료 기록물이 한 병원에서 기록관리기관으로 이관될 때 특히 더 주의하여 관리되어야 한다. 많은 나라에서, 환자의 기록물이 일반에게 공개되려면 일정한 기간이 지나야 한다는 규정을 가지고 있다.

그런 법률적인 규정이 없는 나라에서는, 기록관리기관은 중앙정부의 보건부처와의 자문을 통해 적절한 정책을 정해서 가지고 있어야 한다. 100년간 공개불가의 규정은 적절한 것으로 인식되고 있는데, 의료진 혹은 자신의 연구에 환자의 이름을 명시하지 않겠다고 서면으로 약속한 학술 목적의 연구자에게는 정해진 연도보다 일찍 접근이 가능하도록 규정을 마련할 수 있다.

[연습 43]

여러분 병원에서 기록물의 이용과 관련하여 환자의 개인정보를 현재 시스템에서
어떤 방식으로 보호하고 있는지에 관해 설명해 보라. 이런 시스템은 정부의 법률에
의한 것인가, 기록관리기관의 이관조건에 의한 것인가, 아니면 다른 공식적인 지침에
의한 것인가? 만일 이러한 것이 아니라면, 환자 개인정보 보호를 위한 시스템은 어떠
한 권한으로 유지되는가?
환자의 개인정보 보호를 고려하면서 기록물의 접근을 보장하려면 어떠한 방법이
있겠는가?

전자형태 접근점의 제공

점점 더 많은 나라에서, 병원 기록물의 생산과 이용을 관리하기 위해 자동화된 시스템이
소개되고 있다. 대부분의 병원 기록물업무에서는 워드 프로세싱이 처음 소개되었을 때, 처
음으로 컴퓨터라는 것을 접하였을 것이다. 물론 진단 코드화를 위해 고안된 프로그램 역시
또 다른 유용한 출발점이었을 수도 있다. (간단한 통계 소프트웨어가 데이터분석을 위해 사
용되었다는 점을 주시해야 한다. 일부 병원의 관리자는 이런 종류의 소프트웨어가 도입되면
기록물 업무가 완전히 자동화되는 것이라고 믿을지도 모른다. 하지만 제1과에서도 이미 논
의되었듯이, 통계의 산출은 완전히 다른 문제이다.)

기록물관리에 있어서, 컴퓨터 사용의 가장 큰 혜택은 총괄환자색인카드를 자동화된 시스
템으로 대치할 수 있다는 것이다. 물리적으로 카드가 차지하는 공간이 절약되었을 뿐만 아
니라, 적절한 데이터베이스 프로그램의 사용으로 색인의 검색이 훨씬 쉬워지고 더욱 융통성

있게 되었다. 예를 들어, 환자의 이름이 X이고 그 사람 어머니의 결혼 전 이름이 Y인 환자를 찾으려고 할 때, 아주 간단한 데이터베이스 소프트웨어를 가지고도 단 한번의 검색으로 컴퓨터에서 환자를 찾는 일이 가능하다.

더욱 정교한 문서-검색 소프트웨어는 한 환자의 여러 이름들 간에, 또 한 이름의 다양한 철자표시들 간에 자동화된 상호참조를 가능하게 할 필요가 있을 것이다.

> *자동화에 관한 논의는 『기록물관리 전산화(Automating Records Services)』를 참조하라.*

만일 병원 내에 로컬 네트웍이나 인트라넷이 존재하고 있다면, 자동화의 더욱 중요한 혜택은 색인의 검색이 더 이상 하나의 물리적인 위치에 제한되지 않는다는 것이다. 전자 환자색인이 병원 내의 여러 곳에서 원격으로 접근이 가능하다면, 본 과의 앞부분에서 논의되었던 많은 운영상의 문제는 상당량 해결될 것이다. 특히, 통합파일시스템의 사용을 고려 중이거나 환자들이 병원의 다양한 장소에서 등록해야 하는 경우, 직원이 각 장소에서 환자색인에 접근만 가능하다면 이제는 현실화될 수 있는 문제가 된다. 적절히 운영된다면, 색인으로의 접근은 병원 외부에서도 가능할 수 있는데, 여러 지역의 다른 병원이나 보건소로 그러한 서비스가 제공될 수도 있다.

자동화된 색인의 또 다른 부가적 특징으로 가치있는 것은 그것이 종이형태로 대출 확인 서류를 사용하던 것을 대치할 수 있는 환자진료기록의 대출과 반납의 입출력을 기록하는 시스템을 포함할 수 있다는 것이다.

자동화된 색인의 더욱 발전된 버전으로는 '환자행정시스템(Patient Administration System, 종종 PAS로 불린다)'이 있다. PAS 시스템에서 개별 환자의 예약, 출석, 입원 및 퇴원에 관한 기록은 환자의 이름과 다른 신상정보와 함께 이 프로그램에 입력된다. 이런 시스템들은 매 진료부서에서 환자의 예약 목록 작성과 같이 환자의 병원 출입에 관련된 많은 (혹은 모든) 행정절차를 관리하기 위해서 사용될 수 있다. 유사한 시스템이 개별 부서에서 더 작은 규모로 사용되기도 한다.

병원에서 이용하고 있는 소프트웨어 프로그램은 벌써 수년 째 이용되고 있지만, 모든 나라에서 항상 쉽게 획득가능하고 사용하기 적절한 것은 아니다. 환자 행정 시스템이 많은 선진국에서 가장 널리 사용되고 있기는 하지만 개발도상국에서도 그런 것은 아니다. 이는 병원의 예약 제도와 대기 제도가 일반적인 기반구조를 가진 나라에서 사용되도록 고안되었기 때문이다. 『기록물관리 전산화(Automating Records Service)』에서 설명되었던, 기록물의 저장과 보존에 관한 컴퓨터 적용은 선진국의 병원에서도 일반적으로 사용되는 것은 아니다. 그러나 병원 환경에서 일반적인 전산화 기술도입의 적절성도 분명 고려될 필요가 있다.

컴퓨터 시스템을 가장 간단히 사용하기 위해서라도, 자동화가 실제로 수행되기 전에 알맞은 지원과 관리의 협의사항이 마련되어야 하는 것은 필수적이다. 코드화와 통계를 위한 애플리케이션들을 이용할 때 전기공급의 차단이나 하드웨어나 소프트웨어의 결함 때문에 일어나는 처리의 연착은 실제로 큰 문제가 되지 않는다. 하지만 병원에서 환자 등록을 해야 하는 경우, 전자 시스템이 다운되고 기록물을 검색할 수 있는 다른 방법이 없을 때는 아주 긴박한 문제를 야기할 것이다.

전자 시스템이 사용되고 있는 상황일 때, 병원 내부 혹은 외부로부터 기록물에 접근 할 경우 허가받은 사람만이 이용할 수 있도록 하는 알맞은 통제 방법을 반드시 가지고 있어야 한다.

[연습 44]

여러분의 병원에서는 기록물관리를 위한 자동화 시스템을 가지고 있는가? 만일 그렇다면, 사용되고 있는 시스템에 대하여 설명해 보라. 만일 그렇지 않다면, 자동화된 기록물관리 시스템의 사용과 시스템을 이용하여 어떤 기록물을 관리할 지를 결정할 때 고려해야 할 문제를 4가지 정도 생각해 보라.

---

8. 전자 병원기록물 (Electronic Hospital Records)[5]

환자행정시스템(PAS)이 도입이 가능한 병원에서는, 종이기록 환경에서만 필요로 하는 일부 특정한 형태의 문서는 생산하지 않아도 좋을 경우가 있다. 특히, 제3과에서 설명된 환자대장류는 그다지 덜 중요하고 부적절한 문서로 간주되기 쉬운 듯 하다. 분명히 그런 대장류는 다른 형태로 같은 내용의 정보를 가진 문서를 중복하여 생산하고 있는 경우가 많다. 따라서, 알맞은 컴퓨터 시스템을 사용하고 있는 병원에서는 컴퓨터 프로그램에 의해 다양한 양식의 보고서가 만들어질 수 있으므로 이런 대장류를 계속하여 사용하지 않을 수도 있다.

---

5 Electronic Records는 종이 형태로 생산되었다가 전자적인 형태로 그 매체가 전환된 문서보다는, 주로 전자적인 형태로 생산된 문서를 지칭한다.(역주)

그러나 종이에 작성된 대장의 내용이 법률적으로나 기록보존용의 목적으로 필요한 경우라면, 전자시스템에 전적으로 의존해 종이형태의 기록물을 버리게 되는 결정을 내리기 전에 여러 가지 그 필요성에 대한 적절한 평가방법을 개발해야 할 것이다.

이런 문제에 대한 더 자세한 논의는 『전자기록물의 관리 (Managing Electronic Records)』에서 이루어졌다.

최근에, 환자진료기록 파일의 전자 형태의 개발을 위해 많은 연구와 노력이 투입되었다. 본 모듈이 집필되고 있는 이 시점까지 전자 환자기록물을 사용하고 있는 병원의 숫자는 전 세계적으로 그렇게 많지 않지만, 가까운 미래에 그 숫자는 실질적으로 증가할 것으로 예상된다. 전자 기록물의 사용은 의사나 다른 허가된 사용자들이 환자진료기록 파일에 즉시적인 접근을 가능하게 할 것이고, 동시에 여러 이용자에 의한 접근도 가능하게 할 것이다.

환자진료기록 파일의 분실이나 잘못된 배열의 가능성은 크게 사라질 것이고, 엄청난 양의 기록물 서고를 위한 공간도 더 이상 필요치 않을 것이다. X-레이와 다른 이미지 기록물을 전자적인 형태로 통합시키는 일도 또한 가능하게 될 것이다. 데이터베이스 기술을 이용하여 전자 환자기록물을 사용하기 위해서는, 아주 중요한 정보를 기록물에서 삭제할 수 없도록 입력 항목의 확인이 반드시 필요할 것이며, 데이터베이스 구조는 다양한 방법으로 기록물의 정보를 검색하도록 도와줄 것이다.

장기적으로 볼 때, 테크놀러지는 병원에 국한되는 의료기록물시스템에 국한된다기보다는 국가적인 기록물관리의 발전전망을 제공하게 될 것이다. 영국에서 의학용어를 위한 자동화된 시소러스를 개발하기 위해 최근에 착수한 작업은 '리드 코드 (Read Codes)'로 알려져 있는데, 이것은 의사 및 다른 보건관계자들이 전자형태의 환자기록물을 생산할 때 통제된 언어를 사용할 수 있도록 하기 위함이다. 표준 의학용어를 위한 유사한 시스템으로는 '스노메드-RT (SNOMED-RT)'라는 것이 미국에서 개발되었다.

이런 시스템들은 한 의료기관의 기록물과 다른 의료기관의 기록물사이에 용어의 일관성을 유지하기 위해 개발된 것이고, 치료, 연구, 경영 계획을 목적으로 하는 기록물로부터 추출된 데이터의 질을 개선시킬 수 있을 것이다. 또한 의사들이 전자 환자기록물, 국가적 혹은 국제적인 의학 데이터베이스, 의학 실험 및 평가와 같은 다른 자원을 쉽게 이용할 수 있는 통합된 의학 워크스테이션의 개발을 위한 연구가 현재 한창 진행 중이다.

의사들은 또한 환자의 침대에서 수행되는 모든 자연스러운 절차 속에서 바로 전자적인 형태로 약처방전을 발행할 수도 있고, 환자 파일에 새로운 데이터를 추가할 수도 있다. 현재

는 이런 작업들이 주로 유럽과 미국에서 수행되고 있지만 머지않아 새로운 기술이 전 세계
적으로 사용될 수 있을 것이다.

미래에는 전자 환자기록물은 키보드의 데이터 입력에 의해서 혹은 음성인식 장치에 의해
서 생산될 것이고, 종이형태의 문서를 스캔한 이미지파일을 생산함으로써 만들어질 것이다.
현용 기록물은 아마도 문서관리 시스템 혹은 허가받은 의사들, 준의료 전문가들, 그리고 행
정가들에 의해서 관리될 것이다. 머지않아 한 기록물을 여러 개인, 여러 업무팀이 동시에
이용하는 상황이 가능하게 될 것이다. 전자정보는 또한 먼 거리에서도 이용가능하고, 병원
에 출근하지 않은 전문가로부터 진단이나 치료에 관한 자문을 받을 수 있게 할 것이며, 지역
보건소나 가족 주치의들에게 적합한 병원 기록물을 온라인으로 검색하여 참고할 수 있는
장치를 제공하게 될 것이다. 그러나 여기에는 아직 해결되지 않은 부분이 있는데, 전자기록
물의 기능과 내용을 시간이 지나도 계속 보존할 수 있을 지에 대해서는 현재까지 개발된
시스템에서는 아직은 아무런 분명한 답을 찾긴 어렵다. 『전자기록물관리(Managing Electronic
Records)』에서 제시된 많은 문제점은 다른 유형의 의료 기록물에 있어서도 역시 마찬가지로
적용될 수 있을 것이다.

*이 문제에 관한 자세한 내용은 『전자기록물관리(Managing
Electronic Records)』를 참조하라.*

*자동화는 병원기록물이 생산되는 방식에 많은 변화를 가져올
것이고, 전자정보 자원의 개발을 가능하게 할 것이다.*

[연습 45]

여러분의 병원에서는 전자 기록물을 생산하고 있는가? 만일 그렇다면, 생산된 기록
물에 대하여 설명해 보라. 만일 그렇지 않다면, 전자적인 형태로 병원 기록물을 생산하
고 관리하기로 결정할 때 고려해야 하는 문제를 4가지 정도 생각해 보라.

요약

    본 과에서는 병원 기록물의 평가에 관련된 문제들을 조사하여 보았다. 또한 현용 및 준현용 기록물에 대한 병원에서의 관리에 관해서도 검토하였다. 물리적인 기록물의 보존과 기록물의 대출, 중앙 서고로의 반납에 관한 사안이 여기서 논의되었다. 본 과는 이어서 보존기간이 지난 기록물의 폐기와 기록물의 기록관리기관으로의 이관에 관하여도 토론하였다. 병원 기록물과 관련한 접근과 기밀성 문제도 검토하였으며, 병원의 기록물관리에 있어서 컴퓨터의 사용에 관한 논의와 전자형태로의 병원 기록물관리 개념의 소개로 본 과를 마감하였다.

학습문제

1. 병원 기록물의 보존기간을 결정할 때 고려해야 하는 요소에는 어떤 것들이 있는가?
2. 환자진료기록 파일을 법적으로 요구하는 기간보다 더 오래 보존해야 하는 이유를 2가지를 들어 설명해 보라.
3. 환자진료기록 파일을 법적으로 요구하는 기간이상으로 보존하였을 때 발생하는 문제점을 설명해 보라.
4. 병원의 기록물 폐기규정은 누가 승인해야 하는가?
5. 환자진료기록 파일의 저장에 관한 방법은 어떤 것들이 있는가?
6. X-레이 필름은 어떻게 저장되는가? 연구실의 표본과 실험 재료들은 어떻게 저장되는가?
7. 중앙집중식 기록물 서비스의 장점과 단점에 대하여 설명해 보라.
8. 중앙집중식 기록물 서비스에서 기록물 서고와 환자 등록 장소는 어떻게 배치되어야 하는가?
9. 병원 내에서 대출된 기록물을 추적하기 위해서 어떤 시스템을 사용할 수 있는가?
10. 대출카드란 무엇인가?
11. 기록물이 올바른 파일로 반납되도록 보장해주는 시스템은 무엇인가?
12. 분산식 기록물 서비스의 장점과 단점에 관하여 설명해 보라.
13. 분산식 기록물 서비스 환경에서 기록물 서고와 환자 등록 장소는 어떻게 배치되는가?
14. 기록물을 여러 서고로 분산시켜 저장할 때 고려해야 할 점은 무엇이 있는가?
15. 병원에서 보존기간이 지난 기록물을 폐기할 때 기본적으로 고려해야 하는 점은 무엇인가?
16. 영구보존할 만한 가치가 있는 병원 기록물의 종류를 5가지 말해 보라.
17. 병원 기록물에의 접근에 관련한 주요 문제점을 설명해 보라.
18. 기록물에의 전자적인 접근을 제공하였을 때 발생할 수 있는 장점과 단점에 관하여 설명해 보라.
19. 전자적인 형태로 매체 변환할 때 어떤 종류의 병원 기록물이 가장 적합한가?

연습 : 조언

연습 35

병원 기록물에 대한 보존기간 결정은 일련의 법률적 행정적 조건에 의하여 영향을 받을 수 있다. 기록물은 환자의 권리를 보호하기 위하여, 의료 과오 혹은 오진으로 문제시된 경우 병원과 그 직원들을 방어하기 위하여 필요하게 될 수 있다. 환자들은 보험이나 연금을 목적으로 건강상태를 증명할 필요가 있을 수 있다. 출생 혹은 사망에 관한 증명서, 의료행위 동의에 관한 증거물 등이 필요할 수 있다. 의료 감사 혹은 연구 목적 등의 다른 많은 쟁점들도 의료 기록물의 보존에 영향을 미칠 수 있다. 따라서 병원 기록물의 보존에 관한 어떠한 결정을 내리기 전에 법적인 자문과 정부의 지침을 살펴보는 것이 현명하다.

연습 36

환자진료기록의 관리는 기관마다 다르게 이루어지지만, 그 밑에 깔려있는 기본 개념은 모두 같다. 보존과 접근의 개선을 위한 어떠한 수단이든 모두 본 프로그램에서 다루고 있는 올바른 기록물관리의 원칙과 실무에 따라야 할 필요가 있다.

연습 37

X-레이의 관리 또한 기관마다 다르게 이루어진다. X-레이의 폐기 조치를 위해서는 기록물 폐기규정에 적합한지 반드시 확인해야 하고, 그 X-레이를 더 이상 사용할 수 없다는 증거를 제공하기 위해 반드시 문서로 그 사실을 남겨야 한다. X-레이의 보관은 올바른 보존조건을 확인하여 이루어져야 하며, 접근도 분실, 손상, 잘못된 재배열의 위험이 없도록 반드시 통제되어야 한다.

연습 38

기록물의 대출을 위한 모든 시스템은 다음의 사항을 반드시 고려해야 한다. 분실과 손상에 대하여 기록물의 보호, 권한있는 사람에 의한 적절한 접근, 기록물을 열람할 수 있도록 적절한 권한이 주어진 외부 사람의 통제된 접근, 그리고 빌려간 사람이 추적될 수 있고 기록물이 궁극적으로 제대로 된 순서에 의하여 다시 파일링 될 수 있도록 하는 대출에 관한 서류의 준비 등은 반드시 신중히 고려되어야 한다.

연습 39

기록물의 반납절차에서도 역시 상기의 연습38에서 지적된 항목들을 고려해야 한다. 덧붙여, 기록물 반납의 적시성은 매우 중요한데, 그것은 너무 오랜 기간동안 무책임하게 대출자에게 기록물이 맡겨져 있지 않도록 하기 위함이다.

연습 40

싱글사이트와 멀티사이트 기록물 서비스는 모두 장점과 단점을 가지고 있다. 어떤 형태의 기록물 서비스를 운영할 지에 대한 결정은 병원 자체의 특성과 규모, 그리고 기록물관리의 요구 및 환자에 대한 서비스 요구에 달려있다. 병의 상태가 심각한 환자는 반드시 환자파일 검색의 편의를 위하여 환자에게 불편한 장소에서 등록하도록 요구되어서는 안된다. 본 과에서 논의된 원칙과 실무는 기록물 서비스의 관리를 어떻게 유지할 지 결정할 때 반드시 인식되고 고려되어야 할 것이다.

연습 41

보존기간이 지난 기록물의 폐기를 위해 결정된 시스템은 반드시 환자 개인정보의 기밀성을 보호하고, 기록물의 완전한 폐기를 보장하며, 폐기되는 모든 기록물이 어떤 것이었는지 완전히 서면으로 기록될 수 있도록 해야 한다. 그렇게 해야 만이 기록물관리 기관에서 그 업무에 관한 신뢰성을 쌓고 증거를 마련할 수 있다.

연습 42

기록관리기관으로 기록물을 이관하기 위해서는, 특히 모듈 『기록보존소의 기록관리 (Managing Archives)』에서 잘 설명된 정책과 절차를 따라야 한다.

연습 43

환자정보의 기밀성은 반드시 보호되어야 하고, 기본 시스템도 기존 법률, 필요조건, 다른 공식적인 지침에 비추어 결정되어야 한다. 또한 시스템을 구축하기 전에 법률적인 자문을 구하고 기록관리기관과 관련 문제를 논의해 보는 것도 현명한 일이다.

연습 44

기록물관리 자동화 시스템을 도입하기 위해서는 안전성과 기밀성을 먼저 고려하는 것이 매우 중요하다. 해당 국가의 법률적 조건에 비추어 데이터보호법 역시 고려해야 한다. 자동화 시스템은 기록물관리의 실질적인 개선을 제공할 수 있으며, 그 기록물에 수록된 정보로의 접근성을 강화한다. 여기서의 자동화란 수작업 시스템을 반복하는 수준의 자동화를 의미하는 것은 아니다. 자동화에 관한 더 자세한 정보는『기록물관리 전산화(Automating Records Services)』를 참조하라.

연습 45

전자시스템은 특히 현 정보에 대한 접근성의 문제에 있어서 많은 이점을 제공하지만 전자기록물의 관리는 매우 복잡하며 항상 변한다는 문제를 가지고 있다. 병원 기록물을 전자형태로 생산하고 유지하려는 결정을 하기 전에 이 모든 문제점을 꼼꼼히 고려해야만 한다. 특히, 시간이 지나도 해당국가의 기술 기반구조가 필요한 하드웨어와 소프트웨어를 계속 지원할 수 있는지, 전자 기록물을 지속적으로 유지할 수 있는지 반드시 고려해야 한다. 전자기록물관리에 관해서는『전자기록물관리(Managing Electronic Records)』를 참조하라.

다음에는 무엇을 할 것인가?

본 모듈『병원기록물관리(Managing Hospital Records)』는 공공부문기록관리교육 프로그램 (Management of Public Sector Records Programme)중 핵심 모듈에서 논의된 일반 원칙들을 정립하고 있다. 병원기록물관리는 의료 혹은 비의료관계 병원 기록물의 관리에 연관된 특수한 문제들을 다루고 있으며, 특히 일반적인 (혹은 특수한) 병원에서의 상황을 기술하고 있다.

본 모듈은 생명과 환자의 건강을 다루는 병원에서 올바른 기록물관리의 중요성을 강조하였다. 본 모듈은 올바른 의료행위는 의료 전문의나 좋은 장비, 자원뿐만 아니라 올바른 기록물관리에도 달려 있음을 주지하였다. 환자진료기록의 정확성, 정기적인 정보갱신, 접근성 없이는 의료진들은 최상의 치료를 제공할 수 없을 수도 있으며, 아주 심각한 결과를 초래할 수 있는 오진을 할 수도 있다. X-레이, 표본, 약품 기록과 환자대장들과 같은 관련 기록물들은 반드시 환자를 보호하기 위해서 잘 관리되어야만 한다. 올바른 기록물관리는 또한 병원의 행정을 매끄럽게 유지해 준다. 불필요한 기록물을 정기적으로 폐기하거나 이관하고, 서고 환경을 청결히 하고 접근하기 쉽게 하며, 주요 기록물을 찾기 쉬운 곳에 배열하면, 시간과 자원을 절약하여 병원의 행정을 돕는다. 기록물은 또한 병원의 행위에 대한 신뢰성 (Accountability)에 대한 증거가 되며, 의료 연구분야, 통계보고서, 보건정보시스템 등을 위한 데이터의 핵심 자원이 된다.

본 모듈은 4가지 특수한 분야에 중점을 두었다.

- 병원기록물관리의 개념과 병원기록물관리 프로그램 운영의 내용
- 파일링, 번호부여방법, 기록물의 배열과 색인의 관리 등과 같은 환자진료기록의 관리
- X-레이, 표본, 환자대장, 행정 및 정책관련 파일, 재정 및 인사관련 기록물, 간호기록물, 제약 관련 기록물 및 교육자료 등 다양한 종류의 기타 병원 기록물의 관리
- 병원기록물의 평가, 저장, 접근에 관련한 절차

일단 원칙, 개념, 실무가 이해되면, 다음 단계는 다음에는 무엇을 해야 하는가를 생각해야

한다. 이 시점에서 병원 기록물관리를 위한 업무들의 우선순위를 정하고 병원기록물 문제에 관하여 더 많은 것을 배우기 위해선 어디를 찾아봐야 하는지를 알아내는 것이 중요하다.

I. 실무수행을 위한 우선순위 결정

본 모듈은 병원기록물관리의 주요 활동을 소개하였다. 그러나 어떤 업무가 먼저 착수되어야 하는가? 어떤 업무가 최상의 우선순위를 갖고, 어떤 것이 최하의 순위를 갖는가? 개별 기관은 자체의 현 상황, 요구, 장단기 계획에 맞추어 서로 다른 결정을 내릴 것이다. 그러나 병원의 기록물관리를 계획된 방법으로 수행할 수 있도록 돕기 위하여, 실무수행을 위한 몇몇 권장사항을 제공하는 것도 가능할 것이다.

풀어야 할 가장 기본적인 문제는 기록물 시스템이 환자기록물 뿐만 아니라 행정기록물까지 전체로서 의사들의 운영 및 법적인 요구조건을 만족시키는데 실패하였거나 비효율적인지, 아니면, 문제점들이 몇몇의 부서에서만 주로 지적되고 있는지를 먼저 결정하는 것이다.

새로운 기록물관리 시스템이 도입되어야만 하는 상황은 다음의 3가지 경우가 있다.

- 효율적인 기록물관리 시스템이 설립된 적이 없거나, 전체로서의 조직 내부에서 좌절된 경우
- 기록물관리시스템의 요소들이 최상의 실무를 위한 요구조건을 만족시키지 못하는 경우. 예를 들면, 외래환자와 입원환자의 기록물이 분리되어 관리되고 있는 경우
- 새 병원, 새 부서가 설립된 경우

시스템이 실패했거나 존재한 적이 없는 경우와 새로운 조직을 위한 경우에는 기록물관리 전략이 설계되고, 승인되고, 수행되어야 할 필요가 있다. 그러나 현 시스템이 결점이 많고 널리 인식되지 못한 경우에는, 문제에 초점을 두는 접근이 필요하다. 문제 범위가 한정적인 곳에서라도, 병원의 요구를 적절히 만족시킬 수 있는 폭넓은 기록물관리시스템을 점검하고, 필요하다면 개선할 기회를 가져야 한다.

다음의 내용을 하나의 제안으로서 고려해 보자.

우선 순위 1: 기록물관리 전략

병원 당국은 모든 병원기록물(진료기록, 행정기록, 교육자료 등)을 관리하기 위해 승인된
전략이 필요하다. 전략은 다음의 사항들을 포함해야 한다.

- 병원 내 혹은 병원들간의 기록물관리의 역할을 규정하고 기록물관리 프로그램의 목적
  을 명시한 기록물관리 정책. 정책은 또한 반드시 기록물의 생산, 관리, 접근과 폐기에
  관한 병원의 광범한 요구조건이 언급되어야 한다.
- 기록물관리 프로그램의 목적을 달성하기 위하여 모든 직급 직원들의 책임소재 및 조직
  구조와 병원의 기록물 요구를 만족시키기 위한 인사에 관하여 분명히 언급하고 있어
  야 한다.
- 기록물관리 프로그램을 지원할 수 있는 병원의 고급경영진으로부터의 재정적인 지원
  에 대한 공약이 있어야 하며, 프로그램을 설립하고 유지하게 하는 적절한 기금과 설비
  의 할당이 있어야 한다.
- 적절하고 필요한 기록물관리 시스템과 실무에 대한 인식. 실제로 수행될 정확한 시스
  템은 기록물에 관한 조사와 분석이 이루어지고 난 이후에 결정될 수도 있다.
- 서비스의 대상 설정과 업무수행력 측정에 관한 기준 명시. 서비스 대상의 설정 및 모니
  터링은 기록물관리 프로그램의 영향을 측정하는 유용한 방법이다. 이는 고급 경영진
  과 의사들을 프로그램의 혜택에 관하여 설득하고 계속적인 재정적인 지원을 보장할
  수 있는 좋은 방법이 되기 때문이다.

> *기록물관리 프로그램의 목적과 체제에 관한 더욱 자세한 정*
> *보는『현용기록: 생산과 관리(Organazing and Controlling Current*
> *Records)』에서 제시되었다.*

우선순위 2: 기능분석 (Functional Analysis)

병원의 혹은 부서의 기능과 활동을 분석(업무 시스템 및 기능에 관한 분석)한다. 기관 내에 정보가 흐르는 방식을 검토한다. 이는 어느 부분이 문제가 있는지를 명확히 보여줄 것이다. 즉, 테스트 보고서를 찾을 수 없어 진단 테스트가 반복되어야 한다면 보고서의 관리에 문제가 있는 것이다.

기능, 활동, 정보의 흐름이 분명히 분석되었을 때, 어떤 기록물이 생산되고 보존되어야 하는지, 어떻게 정리되어 검색되어야 하는지, 누가 그 기록물을 접근하고 사용할 것인지, 그 기록물이 얼마나 오래 보존되고, 언제 궁극적으로 폐기될 지에 관한 결정을 내릴 수가 있다. 기록물관리 시스템은 병원의 기능적 경영적 요구를 만족시키지 못할 때 결코 요구조건을 만족시킬 수가 없다.

더 자세한 정보는 『업무시스템 분석(Analyzing Business Systems)』을 참조하라.

우선순위 3: 기록물 점검

기록물 점검은 기능분석의 보충작업으로 간주되기도 한다. 이 점검의 목적은 병원의 기존 기록물에 대한 위치와 성격을 파악하고 그 기록물이 현재 기능과 정보 요구에 있어서 어떻게 연결되는지를 살펴보기 위함이다. 기록물 점검은 또한 준현용과 비현용 기록물까지도 평가와 폐기의 예비작업으로 기존의 시스템에서 어떤 위상을 갖는지 조사한다.

점검은 기록물의 중복 혹은 공백, 더 이상 의미없는 기록물관리 활동 등을 보여줄 것이다. 예를 들어, 환자 파일에서 어떤 특정한 정보가 빠져있는지, 한 환자에 관련된 기록물이 여러 다른 장소에 나뉘어 보존되어서 하나의 완전한 파일의 형태로 존재하지 못하고 있는지를 살펴볼 수 있다. 반대로, 한 환자에 관한 완전한 중앙 파일이 존재한다고 할 때, 그 환자에 관한 너무 많은 정보가 수록되어 있지는 않은지, 혹은 여러 장소에 분산되어 있는지 등을 확인할 수 있다.

만일 기록물 점검결과가 전반적인 시스템은 잘 운영되고 있지만 일부 특정 분야에서만 문제가 있는 것으로 나타나면(예를 들어, 환자진료기록 자체는 믿을 만하고 포괄적으로 작성되지만, 필요할 때마다 찾기 어렵다고 나타난다면), 문제가 있다고 나타난 부분의 통제절차를 수정함으로써 문제를 해결할 수 있을 것이다. 만일 점검결과가 기록물관리 시스템이 전체 기록물을 완전히 포착하지 못하고 있다고 나타나면(예를 들어, 개별 환자에 관한 기록물이 입원환자와 외래환자 파일에 마구 뒤섞여서 보관되고 있다면), 이 시스템은 개조할 필요가 있을 것이다. 만일 점검결과가 기록물이 제대로 생산되지 않아서 환자의 치료에 위험이 있다고 나타나면, 이 경우는 처음부터 새로운 시스템으로 설계할 필요가 있다. 이와 같이 기록물 점검은 기록물관리 개선 프로그램이 어디서부터 시작되어야 하는지를 보여줌으로써 최선의 결정을 가능하게 해줄 것이다.

분석과 점검이 수행된 이후, 만일 불필요한 잉여 파일이 생산되어 있는 경우 기존 시스템은 간단하게 정리되어야 한다. 일단 현재 업무에서 더 이상 필요치 않은 현용 기록물을 따로 구분하여 두면, 미래의 효율적인 기록물관리 시스템을 설립하기 위해 필요한 수정에 관한 결정이 이루어질 수 있다.

기존의 시스템이 전반적으로 철저한 검사가 필요한 경우나, 부분적으로 비효율적이어서 부분적인 검사가 필요한 경우에는 이런 절차를 수행할 필요가 있다. 그러나 결함이 있는 시스템이나 혹은 병원의 정보요구를 만족시키지 못하는 시스템의 경우도 종종 기록물관리 개선 프로그램을 착수하는 좋은 이유가 된다.

> *새로운 기록물관리 시스템의 건설에 관한 지침은 『현용기록물: 생산과 관리(Organizing and Controlling Current Records)』에 제시되어 있다. 기록물 점검의 수행에 관한 내용은 『기록물평가 시스템(Building Records Appraisal Systems)』에 더욱 자세히 기술되어 있다.*

우선순위 4: 이해당사자(Stakeholders)의 결정과 그들의 요구

이것은 기능 분석과 기록물 점검에 보충적인 작업으로 간주될 수도 있다. 병원 기록물관리에 있어서의 이해관계자는 보통 환자, 병원의 직원과 다른 보건시설 및 정부의 관련 기관 등을 포함한다. 병원 내에서 기록물관리에 관련된 직원들을 구별하여 그들의 의견을 물어보면 실무에서 가장 큰 이점을 가져올 것이다. 직원은 다음과 같은 관련 의견을 제시할 수 있을 것이다.

- 그들이 경험했던 문제들(과 가능한 해결책)
- 적절한 문서들이나 정보의 부족으로 그들의 업무에 방해가 되었던 부분
- 기존의 기록물의 생산 방법
- 그들이 업무에서 어떤 문서를 정기적으로 사용하는지, 그리고 어떤 문서를 사용하지

않는지
- 기록물관리(자동화 프로젝트를 포함하여)에 관해 영향을 줄 수 있는 미래의 대안.

개별적인 이해당사자는 때때로 목적과 우선순위에 관하여 서로 다른 의견을 가지고 있을 수 있음을 명심해야 한다. 어떤 직원은 기록물관리의 문제점을 해결책으로 컴퓨터의 도입을 주장할 수도 있다. 만일 직원이 이미 사용하고 있는 자동화 시스템이나 계획이 있다면, 정보기술 부서 역시 자체 계획에서 하나의 이해당사자가 될 것이다.

우선순위 5: 새로운 기록물관리 시스템이나 개선된 시스템의 설계 및 도입

기록물을 사용하거나 기록물관련 업무에 관련된 모든 직원들은 반드시 관련 교육을 받은 자이어야 한다. 기록물관리 직원들에게 있어서, 교육은 의료관련 기록물이건 행정 기록물이건 그 기록물 시스템의 관리, 운영, 유지를 위해 요구되는 기술을 모두 포함해야 한다. 간호사, 의사, 행정가 및 다른 병원 직원들과 같은 기록물의 사용자는 반드시 교육의 필요성에 대한 기본적인 인식을 가지고 있어야 하며, 그럼으로써 올바른 기록물관리의 가치에 관한 분명한 의식을 가지고 자신이 그 시스템을 효과적으로 운영하는데 무엇이 필요한지를 알 수 있어야 한다.

교육은 모든 적합한 직원이 필요한 정보와 기술을 획득할 수 있고 모든 새로 임용된 직원이 필요한 훈련을 받을 수 있도록 주의 깊게 계획되고 조정되어야 할 것이다.

교육역량이 부족한 국가에서는, 장거리 교육 모듈의 사용도 고려할 필요가 있다. 이런 교육을 위한 정보를 구할 수 있는 기관들이 본과의 뒷부분에 소개되었다. 병원의 기록물 담당자를 선별하여 교육받은 기록물 관리자와 함께 일정 기간동안 같이 일하게 하는 것도 하나의 방법이 되고, 선별한 직원을 효과적인 기록물관리 프로그램이 실시되고 있는 기관에 보내는 것도 원칙의 기본인식과 최선의 실무를 배우게 하는 하나의 방법이 될 것이다.

지도 감독 혹은 관리자의 수준에서 한 직원을 집중훈련 시키는 것도 또 하나의 방법이 될 수 있다. 이렇게 훈련받은 관리자는 병원에 돌아와 다른 기록물담당 직원들에게 배운 지식과 기술을 퍼뜨릴 수가 있기 때문이다. 훈련된 관리자는 또한 교육과 기술 전수를 위한 전문 지식이 필요할 것이다.

기록물관리에 관한 전문 교육 비용은 상당히 비싸고, 때에 따라서는 병원의 예산으로 감당할 수 없을 수도 있다. 대부분 순수한 기록물관리 교육은 의료 기록물이나 병원 기록물에 관한 문제에 대한 상세한 내용을 포함하고 있지 않은 경우가 많다.

2. 보충 정보

많은 기관들, 특히 제한된 자원만을 갖는 나라에서는, 병원기록물 업무에 관한 자원에 대해 아주 한정적인 접근점만을 갖고 있다. 그러나 더 자세한 정보를 얻거나, 도움을 요청할 수 있는 곳이 있다. 다음의 목록은 도움 요청을 위해 연락할 수 있는 기관의 이름과 주소에 관한 정보이다.

> *그 밖의 문서와 영구기록물의 관리에 관한 일반적인 협회 및 기관들에 대한 정보는 『기록관리 참고문헌(Additional Resources)』 에 실린 내용을 참조하라.*

국제 기구

<국제보건기록물기관연맹 (International Federation of Health Record Organizations)>

국제보건기록물기관연맹(IFHRO)과 세계보건기구(World Health Organization, WHO)는 의료기록물 실무에 관한 학습프로그램을 개발하기 위해 공동 연구해 왔다. 이 학습프로그램은 현용 의료 기록물의 관리에 초점을 두고 있다. 이것은 의료기록물 실무를 가르칠 사람들의 요구를 만족시키고자 의도되었고, 교육자가 제대로 훈련받지 못할 수도 있다는 점을 감안하여 개발되었다.

국립 혹은 지역 기구

<전산환자기록물협회 (Computer Patient Record Institute)>

4915 St. Elmo Avenue, Suite 401

Bethesda, MD 20814, US

웹페이지: www.cpri.org

전산환자기록물협회는 미국의 의료정보 관리를 위한 전자시스템의 사용을 권장하기 위한 기구이다. 이 협회는 주로 북미의 내용에 초점을 둔 수많은 지침서와 관련 문서를 출판하고 있다.

<의료기록물협회 (Medical Records Institute)>

PO Box 600770, 567 Walnut Street

Massachusetts, 02460, US

이메일: postmaster@medrecinst.com

웹페이지: www.medrecinst.com

의료기록물협회는 국가적이고 국제적인 전자보건기록물 시스템의 개발과 승인을 권장하고 있다.

<영국국립보건부 (UK National Health Service Executive)>

London, UK

웹페이지: www.imt4nhs.exec.nhs.uk

영국국립보건부는 기록물관리를 위한 모든 NHS의 관련 기관에 지워지는 법적 의무를 규정한 보건서비스회람 HSC 1999/053(Health Service Circular HSC 1999/053)를 발행하였다. 이 회람은 이 의무를 수행하기 위해 필요한 행위를 설명하고 있고, 올바른 실무를 안내하는 지침을 제시하고 있으며, 영구보존 기록물을 선별하는 조건을 보여주고, 기록물의 보존에 관한 최소한의 기간을 제시하고 있다. 일반적인 실무에서(즉, 지방 보건소나 가족 주치의) 기록물 보존기간에 관한 지침은 회람 HSC 1998/217에서 규정하고 있다. 이 상세한 지침은 영국의 법률과 실무에 기초하고 있으나, 넓은 의미에서 가치있는 일반적인 충고를 많이 포함하고 있다.

영국보건부의 웹페이지에는 국립보건부의 보건정보 관리와 기술에 관한 최근 정보를 제공하고 있는데, 여기에는 전자 환자기록물의 도입을 위한 사전연구를 상세히 보고하고 있다. 현재까지, 상기 언급된 회람은 웹페이지에서 제공되지 않고 있다.

<보건 기록정보 및 경영 협회 (The Institute of Health Record Information and Management, IHRIM UK)>

115 Willoughby Road

Boston, Lincolnshire

PE21 9HR, UK

이 협회는 의료기록물 관리자와 의료 코드화 관리자를 위한 영국의 전문가 협회이다.
IHRIM은 공인된 교육과정을 제공하고, 안내 자료 및 계간 학술잡지를 발행한다.

[연습 47]

여러분의 기관에서 상기에 언급된 기구에 관한 어떠한 정보라도 가지고 있는지 알
아보라. 여러분의 기관이 이런 기구에서 제공하는 출판물을 받아 본 적이 있는가, 혹은
회의나 세미나 등 기타의 활동에 참여한 적이 있는가?

여러분의 기관에서는, 만일 필요하다면, 상기 기구들 중 어느 기구에 먼저 도움을
요청해야 한다고 생각하는가? 어떤 면에서 도움을 요청할 수 있는가? 생산적인 관계를
맺기 위하여 어떻게 해야 한다고 생각하는가?

3. 기타 자료

병원 기록물관리에 관한 몇몇 중요한 출판물들이 있지만, 이 분야는 다른 기록물관련 분
야만큼 잘 발달되어 있지는 않다. 의료기록물의 관리에 대한 책과 논문이 몇 편 있지만, 대부
분이 전자 환자기록물의 개발에 관한 제안서 등이고 병원에서의 행정 기록물 혹은 다른 기
록물에 관해 저술된 바는 많지 않다. 핵심 출판물은 별표로 구분되었다.

> *핵심 출판물은 또한 『기록관리 참고문헌(Additional Resources)』
> 에 잘 구별되어 있다. 여기에는 기록물관리에 관한 일반적인
> 출판물에 관한 정보를 수록하고 있다.*

일반 저술

United Kingdom, Audit Commission. *Setting the Records Straight: A Study of Hopital Medical Records.* London, UK: HMSO, 1995.

Benjamin, B., ed. *Medical Records.* London, UK: Heinemann, 1977.

* Huffman, EK. *Medical Record Management.* 9th ed. Berwyn, IL: Physicians Record Company,

1990.

Sullivan, RJ. *Medical Records and Index System.* Cambridge, MA: Ballinger Publishing Company, 1979.

* Maxwell-Stewart, H. J Sheppard and G Yeo. *Hospital Patient Case Records: A Guide to their Retention and Disposal.* London, UK: Health Archives Group, 1996.

UK, NHS Executive. *For the Record: Managing Records in NHS Trusts and Health Authorities.* Nelson, Lancs, UK: National Health Service, 1999, Health Service Circular HSC 1999/053.

Gould, T. and Newton, C. Hospital Records: Asset or Liability? *Health Services Management* (January 1994): 17-18.

의사들을 위한 기록물관리

National Health Service Training Directorate. *Just for the Record: A Guide to Record Keeping for Health Care Professionals.* London, UK: National Health Service, no date.

Pegano, MP. *Communicating Effectively in Medical Records.* London, UK: Sage Publications, 1992.

Wyatt, JC. Clinical Data Systems: Data and Medical Records, *Lancet* 344 (1994): 1543-1547.

기밀성 및 접근성

Panting, GP. And Palmer, RN. *Disclosure of Medical Records.* London, UK: Medical Protection Society, 1992.

UK, Department of Health: *Report on the Review of Patient-identifiable Information.* London, UK: Department of Health, 1997.

UK, National Health Service Executive: *The Protection and Use of Patient Information: Guidance from the Department of Helath.* London, UK: National Health Service, 1996.

기술개발

Coiera, E. *Guide to Medical Informatics, the Internet and Telemedicine.* London, UK: Chapman and

Hall, 1997.

Sheaff, R. and peel, V. *Managing Health Information Systems: An Introduction.* Buckingham, UK: Open University Press, 1995.

United States, Office of Technology Assessment. *Bringing Health Care Online: the Role of Information Technologies.* Washington, DC: US Government Printing Office, 1995.

보존 및 폐기

Maxwell-Stewart, H., Sheppard, J. and Yeo G., *Hospital Patient Case Records: A Guide to their Retention and Disposal.* London, UK: Health Archives Group, 1996.

Victoria Public Record Office. *General Disposal Schedule for Public Hospital Patient Information Records.* Victoria, Australia: Health Department and Public Record Office, 1987 (1999년 개정)

보건관련 기록보존소(Healthcare Archives)

McCall, N and LA Mix, eds. *Designing Archival Programs to Advance Knowledge in the Health Fields.* Baltimore, MD: Johns Hopkins University Press, 1995.

전자기록물

Barrows, RC. And Clyton, PD. Privacy, Confidentiality and Electronic Medical Records, *Journal of the American Medical Informatics Association,* 3/2 (1996): 139-148.

Brennan, S. Fifty Years of the NHS Clinical Record: Time for a Change? *British Journal of Healthcare Computing and Information Management,* 15/2 (March 1998): 28-40.

Computer Patient Record Institute, *Security Features for Computer-based Patient Record Systems.* Schaumburg, ILL: CPRI, 1996.

Dodd, W. and Brennan, S. The Electronic Patient Record Programme: A Voyage of Discovery, *British Journal of Healthcare Computing and Information Management,* 14/1 (February 1997): 16-18.

Institute of Medicine. *The Computer-based Patient Record: An Essential Technology for Health Care.*

Washington, DC: National Academy Press, 1991.

McDonald, CJ. And WM. Tierney. Computer-stored Medical Records: Their Future Role in Medical Practice, *Journal of the American Medical Association,* 259/23 (1988): 3433-3440.

[연습 48]

　여러분 기관의 도서관 및 정보자원센터에 가보자. 보건기록물에 관한 문제를 다룬 책이나 다른 자원들은 어떤 것이 있는가? 상기 언급된 출판물 중 여러분기관에서 이용할 수 있는 것은 무엇인가? 이용할 수 있는 자료가 있다면, 2-3의 자료를 골라 여러분기관의 상황에 맞춰 어느 정도의 최신성과 가치를 갖는지 평가해 보자. 만일 이용할 수 있는 자료가 없다면, 상기 언급된 자료 중 여러분 기관에 가장 적합하다고 생각되는 자료를 2-3개 정도 골라보자. 여러분이 실질적으로 이런 자료를 어떻게 획득할 수 있을지, 그 방법을 생각해 보자.

요약

본 과에서는 병원기록물의 관리에 관해 전반적으로 살펴보았다. 여기에서는 실무에 있어서 어떻게 우선순위를 정하는지에 관하여 논의하였고, 일반적인 주요 우선순위를 다음과 같이 제시하여 보았다.

- 우선순위 1: 기록물관리 전략을 세워라.
- 우선순위 2: 기능분석을 수행하라.
- 우선순위 3: 기록물을 점검하라.
- 우선순위 4: 이해당사자를 구분하고 그들의 요구를 확인하라.
- 우선순위 5: 새로운 혹은 개선된 기록물관리 시스템을 설계하고 도입하라.
- 우선순위 6: 직원훈련을 계획하라.

우선순위를 살펴본 후, 본 과에서는 병원 기록물 문제에 있어서 도움을 구할 수 있는 방법과 정보를 소개하였다. 또한 병원 기록물관리에 적합한 가치있는 정보와 자원에 관한 논의로 결론을 맺었다.

학습문제

1. 여러분의 생각에 기반하여, 본 과에서 소개된 우선순위들이 왜 그 순서대로 규정되었는지 대해 설명해 보라.
2. 본 과에서 언급된 기구 중 가장 먼저 도움을 청할 수 있는 곳을 2곳을 정하고, 왜 그렇게 정했는지 설명해 보라.
3. 본 과에서 언급된 자료들 중 가장 먼저 구매하고자 하는 출판물을 2종류 정하고, 왜 그렇게 정했는지 설명해 보라.

연습: 조언

연습 46

모든 병원은 자신의 기록물관리를 발전시키는데 아주 어려운 시점에 있다고 생각할 것이다. 설정된 우선순위는 각기 나라, 지역, 기관의 특정한 요구를 참작해야만 할 것이다. 먼저 주지된 바와 같이, 일반적인 주요 우선순위를 세워본다면, 다음과 같다.

- 우선순위 1: 기록물관리 전략을 세워라.
- 우선순위 2: 기능분석을 수행하라.
- 우선순위 3: 기록물을 점검하라.
- 우선순위 4: 이해당사자를 구분하고 그들의 요구를 확인하라.
- 우선순위 5: 새로운 혹은 개선된 기록물관리 시스템을 설계하고 도입하라.
- 우선순위 6: 직원훈련을 계획하라.

연습 47

만일 자원이 제한적이라면, 국제기구와 먼저 연락을 해보는 것도 좋은 방법이 될 것이다. 왜냐하면, 그들은 국가적이고 지역적인 협회로부터 걸러지고 정제된 정보를 가지고 있기 때문이다. 따라서 이런 모든 정보를 보유하고 있는 국제기구를 통해 여러분 기관에 맞는 정보를 구할 수 있다. 특수한 전문분야의 출판물이나 정보를 구하기 전에 일반적인 정보를 먼저 획득하여 참조하는 것이 일반적으로 권장되는 방법이다.

연습 48

앞선 연구문제들에 관련하여 언급된 바와 같이, 특수한 전문도서관을 개발하기 전에, 일반적인 정보로 먼저 시작하고, 여러분기관의 도서관이 기초적이고 개괄적인 출판물 등의 좋은 정보자원도서를 갖추고 있는지 먼저 확인하는 일은 매우 중요한 일이다.

ㄱ~ㄱ

『병원기록물관리』

책임집필

GEOFFREY YEO

Geoffrey Yeo는 1976년부터 기록물관리분야에 종사해 왔고 지방정부, 건강관리, 학문분야에서 폭넓은 실무경험을 가지고 있다. 1999년까지 그는 Royal College of Physicians of London에서 정보 및 영구보존기록(Archives)관리자를 역임하였다. 그 곳에 있는 동안 기록관리 프로그램 설치, 현용정보서비스 구축, 조직 내 인트라넷 구축, 아카이브즈 및 도서자료관리의 자동화를 위한 통합시스템 도입 등을 통해 중요한 변화를 기획하고 수행하였다. 1995년부터 1997년까지 런던 대학 School of Library, Archive and Information Studies에서 시간 강사를 역임하였다. 1994년부터는 국제기록관리고문단 고문으로 활동하고 있으며 감비아와 가나의 병원기록물 프로젝트를 수행하였다. 기록관리 분야 및 병원문제관련 분야에서 폭넓게 저서를 출판하였다. 현재는 아키비스트/레코드 매니저로서 프리랜서로 일하고 있다.

집필
Richard Browne
Andrew Giffin

감수
Babara Craig, 캐나다 토론토 대학
Judith Etherton, 성 바르톨로뮤 병원 아카이브즈
Victoria Lemieux, 자마이카 웨스트 인디스 대학
Ann Mitchell, 오스트레일리아 모나시 대학
Rod Stone, 영국 성 조지 병원
John Walford, 전 영국 PRO근무

검증기관
Moi University, Kenya
University of Botswana
University of Legon, Ghana

병원기록물관리

옮긴이　신 동 희
감　수　한국국가기록연구원
펴낸이　조 현 수
펴낸곳　도서출판 진리탐구

초판 1쇄 인쇄　2003년 09월 25일
초판 1쇄 발행　2003년 09월 30일

주소　서울시 마포구 용강동 494-53 (121-876)
전화번호　02) 703-6943, 4
전송번호　02) 701-9352

출판등록일　1993년 11월 17일
출판등록번호　제 10-898호

ISBN　89-8485-069-1

한국국가기록연구원이 ICA와 협력하여 국제기록관리 IRMT가 개발한 교재를
한국국가기록연구원이 번역한 것입니다. 따라서 한국어판 저작권은
한국국가기록연구원이 소유하며 출판권은 도서출판 진리탐구에 있습니다.